時代を拓いた師弟

吉田松陰の志

一坂太郎

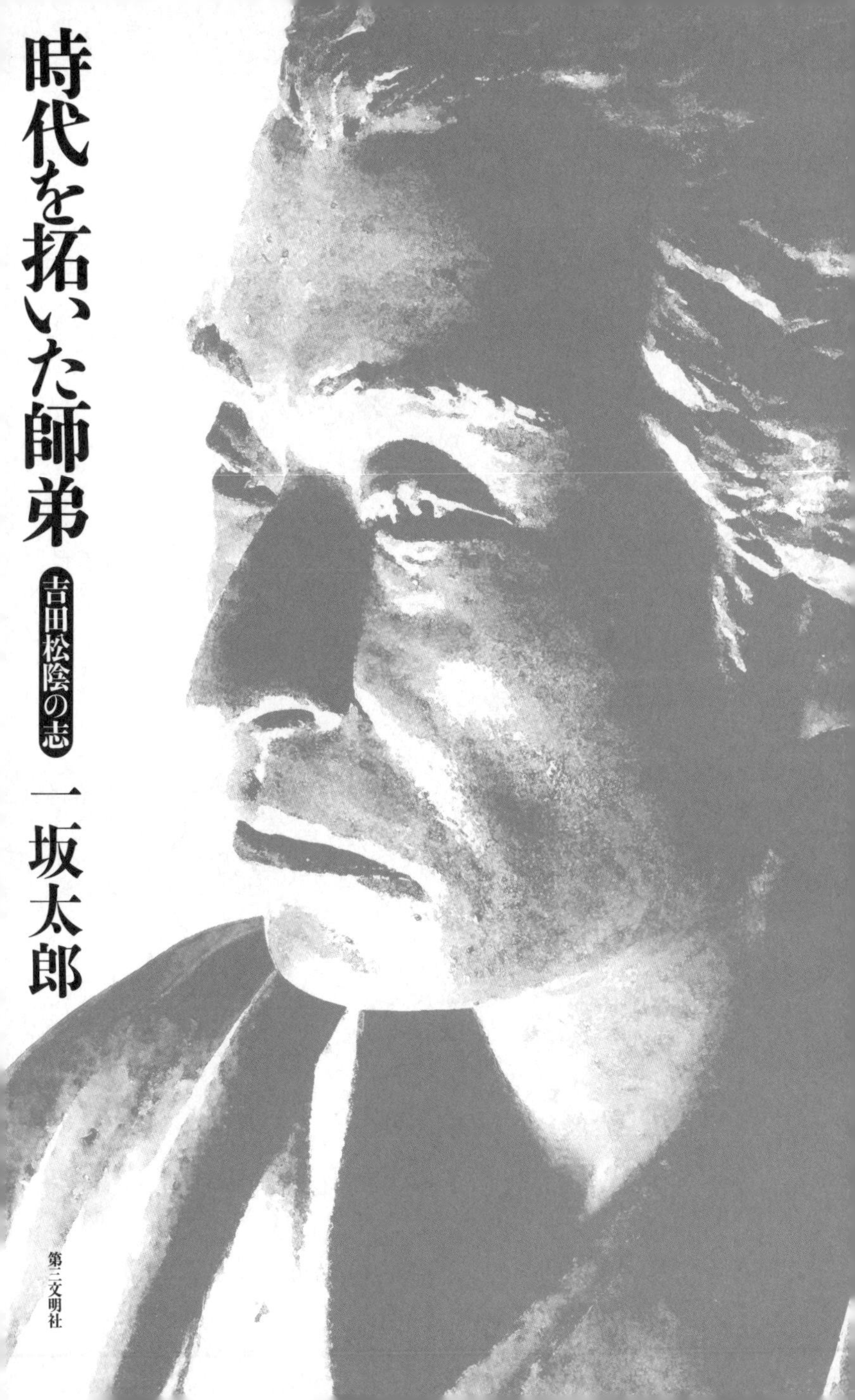

第三文明社

時代を拓いた師弟

――吉田松陰の志◉目次

◉――ブックデザイン
奥定泰之

◉――写真提供・撮影協力
松陰神社（東京都世田谷区）
松陰神社（山口県萩市）

第一章◉育てた人々

萩城と毛利氏

幕末という動乱の時代を生きた「吉田松陰《しょういん》」という青年について、お話をしたいと思います。

個性的で正義感が強く、矛盾《むじゅん》もたくさん抱え、それゆえに異端児《いたんじ》のまま三十歳という若さで死ななければならなかったこの青年の生きざまは、ひょっとしたら現代の日本に、多くの示唆《しさ》を与えてくれるかもしれないと期待するからです。

松陰の故郷は、「明治維新胎動《たいどう》の地」として自他共に認める現在の山口県です。本州最西端に位置する山口県は面積約六千平方キロメートル、南は瀬戸内海、西は響灘《ひびきなだ》、北は日本海に囲まれています。

旧国名は周防《すおう》と長門《ながと》で、江戸時代は長州藩（萩藩《はぎ》）と呼ばれていました。ひとつの藩が、そのままひとつの県になった珍しいケースです。国境が四百年以上前

松陰（左）と金子重之助の銅像
（静岡県下田市）

と同じなので、郷土意識が強く、保守的で中央志向が強い県民性がしばしば指摘《してき》される県でもあります。

松陰が仕《つか》えた、この長州藩の成り立ちから、話を進めてゆきましょう。藩主は外様《とざま》大名の毛利家で、石高《こくだか》は三十六万九千石。城は日本海に面した、長門の萩という地に築かれていました。

しかし毛利は、元来、この地の豪族でも有力者でもありません。それ以前は隣《となり》の安芸《あき》広島（現在の広島県広島市）を本拠としていました。

戦国時代の終わり、毛利輝元《てるもと》は広島城主として中国地方八カ国、百十二万石（百二十万石とも）を領する大々名として君臨《くんりん》していました。現在の中国地方のほとんどが領地だったのです。輝元は豊臣秀吉の政権下に加わり、五大老の一人に列《れっ》せられます。

しかし秀吉没後、安国寺恵慧《えけい》や石田三成《みつなり》にかつぎ出された輝元は、慶長《けいちょう》五年（一六〇〇）九月の関ヶ原合戦で、西軍の大将となります。そして、徳川家康が率《ひき》いる東軍と戦いますが、敗れました。

実は開戦前、徳川・毛利双方の一部の者たちは裏取引を行っていました。輝元は知りませんでしたが、毛利方は戦場で実力を発揮せず、わざと敗れることで、安泰《あんたい》の道を約束されていたのです。

ところが合戦が終わるや、勝者となった家康は、毛利方との約束をあっけなく破棄しました。まず、毛利家の領土のすべて（中国地方八カ国）を奪います。そしてあらためて、輝元の嗣子《しし》である秀就《ひでなり》に、周防《すおう》・長門《ながと》の二カ国のみを与えました。これがいまの山口県。防長《ぼうちょう》二州とも呼ばれます。

ともかく、一気に三分の一に縮小されてしまったのです。単純な勝敗ならまだしも、家康方の策略にひっかかったという点で、関ヶ原の歴史は毛利家の中に複雑な痼《しこり》となって残ってゆきます。

それが二百数十年の後、討幕《とうばく》、明治維新へのエネルギーとなったという説がありますが、あながち否定は出来ません。周防・長門に封じ込められた毛利家は最初、城を瀬戸内に面した防府《ほうふ》の桑山《くわのやま》に築くことを望みました。広島と同じ、山陽道の要衝《ようしょう》に腰を据《す》えたかったようです。

ところが、家康側が認めてくれません。

家康にすれば、いつ牙《きば》を剝くかもしれない危険な外様《とざま》大名を、交通の便が良く、情報も入りやすい土地に置いておくのは危険だと考えたのでしょう。交渉のすえ、毛利の城は日本海に面した萩に築かれることとなりました。

阿武《あぶ》川という大きな川が、日本海に注ぐ前、橋本川・松本川に分かれますが、その間に堆積物《たいせきぶつ》が溜《た》まって出来た三角洲（デルタ地帯）が萩です。

この三角州の上に毛利は、急ごしらえの埋め立てを行い城下町を造ります。そして日本海に突き出した指月山《しづきやま》という、お椀《わん》を伏せたような形の山の麓《ふもと》に、五層から成る桃山風の豪壮《ごうそう》な天守閣を築きました。

こうして、長州藩の歴史が幕を開けます。

一方、関ヶ原の勝者である家康は慶長《けいちょう》八年二月、朝廷から征夷大将軍《せいいたいしょうぐん》に任《にん》ぜられ、江戸に幕府を開き、その権力を盤石《ばんじゃく》なものとしてゆきます。徳川将軍は、以後十五代、二百六十年以上にわたって、日本を支配し続けました。

江戸時代、毎年正月に毛利家では藩主と家老が、変わった年賀の挨拶《あいさつ》を行ったとの伝説があります。新年早々、まず家老が、

「殿、今年いたしましょうか」

と、問う。すると藩主が、

「まだ早かろう」

と返事をする。これは、幕府打倒の意志確認だというのです。

あるいは家臣の家では、西に枕を向けて寝る習慣があったとの伝説もある。こうすれば足が東、つまり江戸にある幕府の方に向くのです。

こうして二百六十年以上の永きにわたり、どんな逆境に置かれても、長州藩は、

（いつか、やってやる）

といった精神力を、維持させ続けたのでした。

松陰誕生

吉田松陰は天保《てんぽう》元年（一八三〇）八月四日、萩城の東郊《とうこう》、松本村の団子岩《だんごいわ》と呼ばれる地にあった杉家で生まれています。ここは高台で、萩城下とその先の城がある指月山を、一望のもとに望むことが出来る格好の場所でした。

すでに、徳川幕府が江戸に開かれてから二百年余り。屋台骨は大きく揺《ゆ》らぎ始めていました。

国内では数々の社会矛盾が噴き出し、各地で一揆《いっき》や暴動がたびたび起こっていました。あるいは、資本主義を確立した欧米諸国は、市場としてアジアの国々に着目して侵略の魔の手を延ばしていました。このような、日本が内からも外からも、危機的状況に置かれていた時代に松陰は生まれたのです。

通称ははじめ虎之助、大次郎、松次郎といい、最後に寅次郎《とらじろう》としました。

諱《いみな》（本名）は矩方《のりかた》。最も知られる松陰は号です。

他にも二十一回猛士《もうし》という過激な号を使っていました。なにが過激なのかと言うと、自分は生涯に二十一回の猛挙を行うと誓った号なのです。ともかく、本書ではまぎらわしいので、大抵の場合、「松陰」で通したいと思います。

松陰生誕地から萩市街を眺める

松陰が生まれた杉家は長州藩では下士《かし》にあたる「無給通《むきゅうどおり》」に属し、禄高《ろくだか》は二十六石でした。父は杉百合之助《ゆりのすけ》、母はタキ。松陰のきょうだいは兄と弟が一人ずつ、妹が四人（ただし一人夭折《ようせつ》）いました。

二十六石といっても実収はその何分の一かであり、藩から支給される扶持《ふち》だけではとても生活できません。そこで杉家では田畑を耕《たがや》し、半士半農の生活を送っていました。

松陰は次男ですから、他家に養子に出されます。

天保五年、五歳の時、長州藩士吉田大助の仮養子となりました。仮養子とは藩が許可する文字どおり、仮の養子。おそらく大助の病が重く、死期が近づいていたため、急ぎ跡継《あとつ》ぎが必要になったのでしょう。大助は松陰の父の弟で、実の叔《お》父《じ》でした。

間もなく大助が二十九歳で病没し、天保六年六月二十日、松陰が吉田家の家督《かとく》を正式に継ぎました。まだ、六歳の子供です。

吉田家は、藩主側近になる資格のある馬廻り役《うままわ》（大組士・八組士）で、石高は五十七石。先祖は、織田信長に仕えた松野平介と伝えられます。平介は本能寺の変で主君を失った後、明智光秀を討とうとしましたが果たせず、自刃《じじん》して果てました。その曾孫《そうそん》吉田某《ぼう》が長州藩主となった毛利家に仕え、代々、山鹿素行《やまがそこう》を祖とする山鹿流の兵学者をつとめたのです。

山鹿流兵学は戦国時代、武田信玄《しんげん》の軍師として知られた山本勘助《かんすけ》が編み出したと伝えられる、甲州流兵学をルーツとします。しかし山鹿流は甲州流の単純な継承ではなく、これを発展させ、武教《ぶきょう》としたものです。武士とはいかに生きるべきか、死ぬべきかを考える学問でした。

当時は学者も世襲《せしゅう》制ですから、松陰も山鹿流吉田家の八代目を継いだ時点で、将来の運命が決定しました。ただし義父が没し、義母が実家に帰ってしまったため、松陰も生家である杉家に戻り、実の両親に育てられます。

玉木文之進という師

幼少期の松陰は、ほとんど遊びませんでした。凧揚《たこあ》げとか、こま回しとか、他の子供たちと戯《たわむ》れるようなことはなく、いつも机に向かって漢書を読むとか、何か書き物をしていたと、二歳年少の妹千代が後年になり語り残しています。あるいは松陰の懐中《かいちゅう》には、いつも数冊の本が入っており、このため懐《ふところ》は大きく張り出し、羽織がずれて、紋《もん》のところが横にまわっていたと伝えられます。そして外出時は本を取り出し、次から次へと読んでいたといいます（福本義亮《よしすけ》『松陰余話』）。

松陰は、寺子屋とか手習場、あるいは藩校明倫館《めいりんかん》に通った形跡がありません。将来学者になるための厳しい英才教育が必要だったでしょうから、他の子たちと同じペースで学んでいては、とても間に合わなかったのかもしれません。それに松陰の周辺には、師となってくれる大人が何人もいました。

まず、松陰の師となったのは、実父の百合之助でした。父は松陰とその兄の梅太郎を野外に連れ出し、農作業を行いながら、さまざまな学問を教えます。あるいは夜は米を搗《つ》きながら、読書に励みました。

もう一人の叔父である玉木文之進《たまきぶんのしん》も、熱心に松陰の教育を担当しました。玉木は百合之助の六歳年下の弟で、文政《ぶんせい》三年（一八二〇）、十歳の時、馬廻り役、石高四十石の玉木家養子となりました。

玉木は質実剛健《しつじつごうけん》をモットーとする、古武士のような文武両道の人だったようです。学問的には保守的で、西洋の学問を嫌ったともいいます。その後、地方代官などを歴任して明治維新を迎えますが、栄達《えいたつ》を求めず、萩で家塾を開いて子弟を教育しました。ところが、その影響を受けた塾生の数人が、明治九年（一八七六）、不平士族反乱「萩の乱」に参加します。師として責任を感じた玉木は、先祖の墓前で自決。六十七歳でした。

自らを律《りっ》するのにこれほど厳しい玉木ですから、松陰に対する教育もまた厳しいものでした。叔父だからとか、甥《おい》だからとか、甘いことは一切言わない。徹底したスパルタ教育、エリート教育を実施してゆきます。あまりの厳しさに、そばで見ていた松陰の母タキなどは、（なぜ、松陰は逃げないのか）と、女心に思ったほどでした。

有名な逸話《いつわ》があります。

ある夏の日のこと。五、六歳の松陰が玉木に勉強を教わっていました。すると、どこからともなく虫が飛んで来て、松陰の頬《ほお》に止まります。本を読んでいた松陰は何げなく、頬に手をやり、虫を払いのけようとする。

ところが、これを見ていた玉木は烈火のごとく怒り、飛んで来て、松陰に殴る蹴《け》るの凄《すさ》まじい折檻《せっかん》を加えたのです。幼い松陰は当然ながら泣きわめきますが、玉木は容赦《ようしゃ》しません。玉木はなぜ、こんなひどい叱《しか》り方をしたのでしょうか。

その言い分はこうです。

松陰がいま、本を開いて行っている学問は、松陰のためにやっているのではない。身につけた学問を将来、藩のために役立て、殿様のために役立て、ひいては天下国家に役立てるためにやっている。いわば「公《おおやけ》」のことなのだ。にもかかわらず、その最中に虫が止まって痒《かゆ》いというのは「私《わたくし》」ごとである。お前はいま、公私を混同した！　というのです。

松陰を教育した玉木文之進
（田総百山画）

このように松陰はしっかりと自分を確立しながら、「私」を捨てる訓練を繰り返しました。「滅私奉公《めっしほうこう》」は江戸時代の主君を持つ武士にとり、人生最大のテーマだと言っていいでしょう。ただし、こうした考え方は、純粋であれば純粋であるほど、危険なものであることも確かです。

現代の政治家が教育について、「私を捨てて、公に尽くせる人間を育てる」という意味の発言しているのを聞き、ゾッとさせられたことがあります。教育とは自分が何に向いているのか、何が出来るのかを真剣に探求させること。自分をしっかり確立した人間が集まって、社会を築くのです。そしていざという時に、各々《おのおの》が「私」を捨てるから、もの凄《すご》い力になる。一見耳あたりのよい政治家の発言からは、都合良く操《あやつ》れる人間を大量生産したいという、底の浅い本音《ほんね》が透けて見えます。

自分が何者かも分からないような人間、自分で物事を考えることが出来ない人間が社会の中で増えてゆくのは、恐ろしいことです。そんな人間がムードに酔い

「公」のために叫んで飛び出しても、それは蛮勇《ばんゆう》でしかありません。

天下国家のための学問

松陰と玉木の逸話《いつわ》から現代人が学ぶものがあるとすれば、それは勉強に対する心構えではないでしょうか。知らないことを知るというのは、楽しいことです。それが、勉強というものの基本だと思います。だから子供も日常生活に直結した、足し算、引き算、九九あたりまでは興味がある。面白い。

ところが複雑な掛け算、割り算になり、因数分解《いんすうぶんかい》あたりになってくると、どうも面白くなくなってくる。これが、日常生活の中でなぜ必要なのかといった、疑問を抱く子供も出てくる。そんな時、子供が周囲の大人たちに、

「なぜ、勉強しなければならないの?」

と、質問したとします。

これに対し、大人は何と答えるのか。多くの大人たちは、

「勉強とは、自分のためにするものだ」

と答えるのが、関《せき》の山《やま》でしょう。「自分のため」とは、受験戦争に打ち勝っていい学校に進み、収入や社会的地位の高い仕事に就《つ》くための「武器」としての勉強です。

「そのためにいま、つまらなくても、しんどくても、しっかり頑張って勉強しておきなさい。他人に負けては駄目《だめ》ですよ」

と、説明するのです。これは、玉木が松陰に教えた「公」の学問の意味とは対極に位置する考えであると、言えるかもしれません。

このように、勉強を自分の立身出世のための「武器」であると割り切った子供たちが、受験勉強を勝ち抜いて大人となり、「勝ち組」として社会の重要なポジションを占めたとすれば、やはり恐ろしいことではないでしょうか。玉木の考えを、現

幼少期の松陰が学んだ玉木文之進旧宅（萩市）

代にそのまま当てはめるのは無理がある でしょう。天下国家のため、などと言っても、時代錯誤《さくご》のそしりを免《まぬが》れない。

しかし、「天下国家」を「社会」という言葉に置き換えれば、案外スムーズに理解できる話ではないでしょうか。「勉強は将来、社会の一員として少しでも役立てる人間になるためにやるんだ。だからいま、しっかり勉強しておきなさい」

そんな勉強の「志」を、子供に真摯《しんし》に説く大人が、一人でもいて欲しいものだと思います。

教育熱心な長州藩

ここで松陰を生んだ当時の長州藩について、少しばかりお話をしておきます。

長州藩の領地は、真ん中に中国山脈が横たわり、田畑となる平野部分が少ない。農業だけでは、食べてゆけそうにない。そこで長州藩では多くの人々が知恵を出し合い、産業を興《おこ》して、藩を運営してゆく。

特に重要な特産品として開発されたのが、米・塩・紙・蝋《ろう》。いずれも色が白なので、まとめて「防長四白《ぼうちょうのしはく》」と呼ばれたりします。あるいは本州の西の端に封じ込められたのを、「地の利」として利用します。

江戸時代、北前船《きたまえぶね》の西回り航路は、蝦夷《えぞ》（北海道）や東北といった日本海側の物産品を積み、大坂に向かいました。中身は蝦夷の昆布や魚介の干物《ひもの》、秋田の米など。

その寄港地である長州下関《しものせき》（馬関《ばかん》）の港では、風待ちのため入港して来る北前船を相手にした、倉庫業や金融業が盛んになります。あるいは下関で、北前船の荷物を長州藩が買い取る。それを長州藩は大坂に運び、蔵屋敷に貯蔵し、相場が上がるのを見計らって売り払います。

こうした経済活動が活性化し、新田《しんでん》の開発や、何度かの財政改革にも成功。長州藩は幕末のころになると、表向きは三十六万九千石だが、裏にまわると百万石の実力と言われるほどの、経済力を備えました。幕末の長州藩が日本の中で孤立しながらも、時に世界の列強を相手にして戦うことが出来たのは、こうした経済力が背景にあったのです。

滅亡の危機を迎えるたび、叡知《えいち》を出し合って乗り越えただけに、長州藩内には、

「国を支えるのは、結局は人である」

といった考えが、濃厚になってゆきます。

よって人材登用も盛んでした。「人材」という言葉は、長州藩の古文書《こもんじょ》の中に

見られますが、意味は現代と同じです。

人材育成のため、五代目の藩主毛利吉元《よしもと》が萩に藩校明倫館を創設したのは、享《きょう》保《ほ》四年（一七一九）のこと。幕末になると全国に藩校は二百を数えたといいますが、その中でも明倫館は十二番目に開かれたという伝統を持っています。

ただし明倫館は、一定の身分の藩士の子弟しか学べません。

では、一部の特権階級のみが教育を受けていたのかというと、そうではない。明倫館で学んだ藩士の子弟が、今度は自分の領地などに郷校《きょうこう》や私塾を開く。そして、その地に住む下級武士や豪農・豪商の子弟などが学びます。

さらに郷校・私塾で学んだ者が、寺子屋を開いて庶民の子供たちを教える。

このように、明倫館を核として教育の裾野《すその》が広がってゆくのです。幕末のころになると長州藩内だけで、一千四百もの寺子屋が存在していたというのですから驚きです。

しかも幕末の嘉永《かえい》二年（一八四九）に明倫館は堀内（城内三ノ丸）から城下江《え》向《むかい》

長州藩校明倫館の剣術道場・有備館の遺構（萩市）

に拡大移転され、世相を反映して武術の修練にも力が注がれます。あるいは新しい明倫館では初等教育も重視され、八歳から十四歳の藩士の子弟が就学《しゅうがく》するようになりました。

現代ふうに言えば小学校から大学院までが備わった、総合学校設備となったわけです。その充実ぶりは他藩士から、「西日本一」と絶賛されます。

松陰が生まれ育った背景には、こうした藩をあげての人材育成に対する理解、教育熱が存在したのでした。

藩主毛利慶親のこと

幕末の長州藩主は毛利慶親《よしちか》です。

のち、長州藩は「禁門《きんもん》の変」に敗れて朝敵《ちょうてき》となったため、将軍徳川家慶《いえよし》から与えられていた「慶」の字を名から奪われ、敬親《たかちか》と改名しています。ですから人名辞典などでは、「毛利敬親」の名で出ることが多い。

敬親こと慶親は天保十一年、十一歳の松陰を御前《ごぜん》に召《め》し、山鹿《やまが》流兵学書『武《ぶ》教全書《きょうぜんしょ》』の戦法篇三戦の節を進講《しんこう》させています。

藩主の前での講義は、優秀な子供たちが行う一種の儀式のようなものですから、それ自体は珍しいものではありません。十一歳の松陰もまた、萩では学業優秀な子供として認められていました。

しかし、ここから先が凄《すご》い。

慶親は松陰の講義に、素直に感動してしまうのです。松陰を、将来の人材と認めたのでしょう。以後、しばしば御前に召して、講義をさせます。

特に弘化《こうか》元年（一八四四）九月、十五歳の松陰が御前で『武教全書』の講義を終えるや、慶親は『孫子《そんし》』虚実篇《きょじつへん》の講義をリクエストします。それを聴講した慶親は感心した様子で、褒美《ほうび》として中国戦国期の『七書直解《しちしょちょっかい》』を与えました。

さらに慶親は、山鹿流の免許皆伝《めんきょかいでん》を受けようと、弘化二年一月に松陰の兵学門下となるのです。

あるいは嘉永三年八月、『武教全書』守城篇中の「籠城《ろうじょう》の大将心定の条」を進講したさいのこと。

松陰は単に、兵学書の講義をするつもりはなかった。そこで四方に敵を受け、籠城になった場合を想定し、城を枕に討ち死にする決意を慶親に促《うなが》します。迫力があったのでしょう。慶親はなみの学者とは違う松陰の臨場感《りんじょうかん》あふれる講義に、大変感銘《かんめい》を受けたといいます。

松陰の伝記などでは、こうした松陰の突出した才能を称賛します。

確かに松陰は優秀な少年だった。

しかし慶親という藩主も、それ以上に優れた人物だと思うのです。

松陰が十一歳の時、慶親は二十二歳でした。二十二歳には二十二歳のプライドがあるから、十一歳の子供に教えてもらおうとは、思いませんよね。思っていても口に出さない。まして慶親と松陰は、主従の間柄です。

ところが慶親は、そんな下らぬプライドで、自らの目を曇《くも》らせたりはしない。年齢も身分も超え、相手が何者であろうと、良いものは良い。それを認めるだけの度量《どりょう》と素直な心の持ち主だったのです。人材を見出し、育てることに至上の喜びを感じていたと言ってもいい。

慶親は家来たちから、「そうせい侯《こう》」と陰口を叩《たた》かれたという有名な話があります。御前会議で大体の意見がまとまり、藩士の一人がお伺《うかが》いを立てると、たいてい慶親は「そうせい」と返事をしたと伝えられます。左の意見でも、右の意見

でも、

「そうせい」

しかし、慶親は無能《むのう》なのではありません。

人材登用には自分の目を信じ、周囲の雑音に惑《まど》わされず、信念を貫《つらぬ》く。そうし

松陰を見出した藩主毛利慶親（敬親）

て抜擢《ばってき》した以上、大抵のことを任せ、あまり嘴《くちばし》をはさまないのです。藩主がいちいち意見を出しては、まとまる話もまとまらないから、「そうせい」に徹したのでしょう。

このような慶親ですから、松陰を発見した時、どれほど喜んだか。松陰も慶親から期待されることで、どれほど発奮《はっぷん》したことか。幕末の長州で、若者たちがのびのびと活動できたのは、こうした指導者がいたからこそです。

剣術が出来ない松陰

松陰の逸話集である、福本義亮『松陰余話』に紹介された「松陰先生の平岡剣道えの入門」という一篇もまた、松陰が育った環境《かんきょう》をうかがい知る手がかりになります。

松陰が少年のころの話です。

松陰は藩の剣術指南役で、柳生新陰流《やぎゅうしんかげりゅう》の平岡弥兵衛《やへい》のもとを訪ね、入門を希望したことがあるそうです。平岡にその理由を尋《たず》ねられた松陰は、次のように答えました。

「儒家《じゅけ》（学者の家）に生まれたとはいえ、腰間《ようかん》に雙刀《そうとう》を帯《お》ぶる以上は、これを用いる道を知らでは、武士の面目《めんぼく》が相《あい》立ち申さぬ、しかも心身の錬磨《れんま》を…」

兵学者とはいえ、武士である以上は、剣術も修めておかねばならぬといった義務感を松陰は抱いていたのです。

ところが平岡は、松陰の入門を断りました。平岡は松陰の体力では、とても自分の荒っぽい稽古《けいこ》には堪《た》えられないだろうと言うのです。得意な学問を門下生に教え、「真《しん》の人間」を作るのが、松陰の役目であると、平岡は説きます。

さらに平岡も、得意な剣術を教えることで、「真の人間」を作っているのだと言いました。学問と剣術、方法は違いますが、共に「真の人間」作りを目指しているることについては、少しも変わりがないというのが、平岡の考えです。

平岡の話に感激した松陰は、

「まさに貴説の通りである。疑念は全く氷解《ひょうかい》し得たので、余《よ》もこの覚悟を以《もっ》て進むべし」

と述べ、帰ったそうです。

なかなか素敵《すてき》な、剣術の先生だと思いませんか。たとえ武士であっても、剣術が出来なくてもいいのだと、剣術の先生自らが認める。さらに、剣術が出来ない者の別の長所を認め、それを「真の人間」作りに役立てよと説くのです。一方的な価値観を押し付けるのではなく、相手を認めることが出来、相手の個性を理解出来る人。口で言うのは容易ですが、なかなか出来ることではない。しかも、現代よりも価値観が多様化していない、封建時代の武士の世界で。平岡のような大人に巡り合ったことが、松陰少年にとり最大の幸福でした。

第二章◉旅人となる

九州へ

三角洲の上に築かれた萩の町は、一方が日本海に開かれ、三方が山に囲まれています。だから、ここにずっと居座っていると、視野が狭くなり、井《い》の中の蛙《かわず》になりやすい。田舎者は田舎にいるうちは、田舎者ではないのです。

これにつき江戸後期、藩主毛利慶親《よしちか》に抜擢され、藩の財政改革を成功に導《みちび》いた村田清風《せいふう》は、

「四峠《しとうげ》の論」

というのを唱えました。萩の周囲にある四つの峠《とうげ》のうちのひとつでも越え、広く「外」の形勢をつかみ、志を求めなければ、人材になれないというのです。このひと言が、多くの若者たちを触発します。

しかし、「外」での刺激は、時に若者にとって強すぎることも気を付けねばな

「四峠の論」を説いた村田清風

りません。清風は二十歳の享和二年（一八〇二）、初めて江戸に赴《おもむ》く道中で眺めた富士山につき、

「来て見れば聞くより低し富士の峰《みね》　釈迦や孔子もかくやあるらむ」

と詠《えい》じました。

自分の目で確かめた実物の富士山は、それまでイメージしていた富士山より、小さく見えたというのです。ならば、釈迦か孔子も同じようなものだろうと。

この歌から、「外」で受けた刺激には容易に屈しないぞという、清風の若者らしい心意気が感じられます。

他人の芝生《しばふ》は蒼《あお》く見えてしまうものです。しかし、そこに呑《の》みこまれてしまっては、ただの物見遊山《ものみゆさん》で終わり。たとえ矢継ぎ早に「外」からの刺激が続いたとしても、それらを冷静に分析する力も養わなくてはならないのです。

松陰は十一歳から御前講義をつとめ、十九歳からは山鹿《やまが》流兵学者として独立するなど、早熟な少年でした。萩では神童、秀才と絶賛され、持て囃《はや》されていたこ

とでしょう。しかし二十一歳になっても、「外」をほとんど知らないままでした。藩からは一歩も出たことがありません。それまで松陰が、萩の「外」を見た経験と言えば、近くの湯田《ゆだ》温泉（現在の山口市）に遊びに行ったり、藩命で下関まで沿岸視察に行った程度。

特に松陰が専門とする兵学は、机上《きじょう》の空論ではなく、多くの土地を視察することが大切な学問です。これではいけないと、松陰自身は焦《あせ》りを感じるようになります。狭い世界で高い評価を受けて満足するような人間は、安定を優先し、やがて日和見《ひよりみ》主義、妥協《だきょう》主義に陥《おちい》ってしまうものです。

しかし松陰は、旅人でした。

心は活きている

松陰は見聞《けんぶん》を広めるため、旅に出ました。

「心はもと活《い》きたり、活きたるものには必ず機あり、機なるものは触《しょく》に従《したが》い発し、感に遇《あ》ひて動く。発動の機は周遊の益《えき》なり」

松陰は旅日記『西遊日記』の冒頭に、旅の意義をこのように記しています。

心は活きている、その心を、突き動かしてくれるものを見つけるのが旅、すなわち「外」からの刺激なのです。

行き先として選んだのは、九州の北部でした。

この方面には、平戸《ひらど》（現在の長崎県平戸市）に山鹿流兵学の宗家《そうけ》である山鹿万助《ばんすけ》や、葉山左内《はやまさない》といった優れた学者が住んでいたからです。

藩からの許可を取り付けた二十一歳の松陰は、嘉永三年（一八五〇）八月二十五日、家族に見送られながら、萩の家を発《た》ちました。そして美祢《みね》を経て下関（馬関）へ出、関門海峡を越えて、九州へと渡ります。

道中の日記を見ますと、筑前《ちくぜん》（現在の福岡県）の人は口先ばかりで誠実ではなく、信念がないとか、肥前《ひぜん》（現在の佐賀県）の人は剛直《ごうちょく》で信念があるとか、その土地の人情まで観察しているのが面白い。

長崎では砲術家の高島権平と会い、館内町《かんないまち》の唐館《とうかん》や出島《でじま》のオランダ館を見学します。いわゆる鎖国政策を二百年以上続ける当時の日本において、唯一《ゆいいつ》国交を結んでいた西洋の国は、オランダでした。ただし貿易地は、出島という扇形《おうぎがた》の小さな埋立地の島に限られています。

松陰は長崎で、オランダ船に乗せてもらうという貴重な体験もする。船内ではオランダ人が酒と餅菓子でもてなしてくれたと、日記に記しています。あるいは世話になった長崎町人の家では、パンをご馳走《ちそう》になったようです。

このように、異国情緒《いこくじょうちょ》がただよう長崎の町を、松陰は興味深く見て歩きました。

平戸で海外情報に接する

松陰が旅の主目的である平戸へ到着したのはその年の九月十四日です。

平戸は古くから松浦家（外様《とざま》）の城下でした。寛永《かんえい》十八年（一六四一）に長崎へ移るまでは、オランダ商館が置かれた地でもあります。また平戸藩は、幕府から長崎警備の軍役《ぐんえき》を課せられていました。このため長崎から入って来る、海外情報を集めていました。

松陰はまず、葉山左内の家を訪れます。

葉山は佐藤一斎門下の陽明学者で、山鹿流兵学者でもありました。次に松陰は、西日本における山鹿流宗家である山鹿万介の積徳堂《せきとくどう》に出かけ、入門します。素行《そこう》の子孫である山鹿家は平戸藩に招かれ、家老格の地位を与えられていたのです。

最初、松陰は陽明学の書籍などを葉山から借りて、読んでいました。やがて葉山が所蔵する、海外情報にかんする書籍を熱心に読むようになります。

隣《となり》の中国（清朝）がアヘン戦争でイギリスに敗れ、南京《ナンキン》条約を結ばされて上海《シャンハイ》などの五港を開かされたのが、八年前のこと。中国は貿易の主導権もイギリスに奪われ、香港《ホンコン》を割譲《かつじょう》させられ、なかば植民地のような状況になってゆきます。

松陰の平戸における宿・紙屋跡
（平戸市）

松陰はアヘン戦争のことを記した『阿芙蓉彙聞《あふよういぶん》』を熱心に読み、書き写して萩に持ち帰っています。あるいは、ロシアの南下政策にかんする書籍も読みました。

こうして欧米列強の魔の手がアジアに迫っていると知った松陰は、衝撃を受けざるをえませんでした。

やがてその危機感が、松陰を突き動かしてゆきます。

現代ならば、遠く海外の情報とはいえ、新聞やテレビ、インターネットなどで容易に得ることが出来るでしょう。

しかし江戸時代は、そうはいかない。幕府は国民が不安を抱けば、政治がやりにくくなると考え、アヘン戦争のような情報には統制《とうせい》を加えていました。だから知識人でも、なかなか海外情報に触れることが出来ない。そこで松陰のように、自分の足で情報を集めてまわらなければならないのです。

こうした情報収集を、松陰は中国の言葉を借りて、

「飛耳長目《ひじちょうもく》」

と呼びました。耳を飛ばし、目を長くして、少しでも正確な情報を集めるのです。さらに松陰は、ただ情報を集めるだけではなく、それに基《もと》づき行動を起こすことが大切だと、後年、門下生たちに説いています。

平戸で五十日ほど過ごした後、松陰は再び長崎に立ち寄り、中国語通訳や砲術家を訪れ、教えを受けました。そして島原、熊本などを経て、大晦日《おおみそか》に萩の家に帰っています。新しい年を、実家の家族と一緒に迎えたかったのです。

江戸遊学へ

九州を旅して見聞《けんぶん》を拡《ひろ》げた松陰が、次に希望したのは江戸遊学でした。一度「外」の空気に触れると、居ても立ってもいられなくなったのでしょう。

江戸は日本の政治・文化、そして大坂と並ぶ経済の中心地です。

幕末には二千七百七十余町を数え、全市の六割が武家地、寺社地と町地が各二割を占めていました。人口も百万以上を有する、世界最大級の大都市です。

松陰の希望を受け入れた藩は、早くも嘉永四年一月二十八日、軍学稽古《けいこ》のために江戸へ出よと命じる辞令を出しています。

三月には藩主の参勤交代が予定されていたので、その行列に加わり、江戸へ行くのです。ただし、松陰の待遇は正式な随員《ずいいん》ではなく、江戸手元役となる中谷忠兵衛の「冷飯《ひやめし》」（食客《しょっかく》）という扱いでした。

藩の長老ともいうべき村田清風は、二十二歳の松陰の旅立ちを激励し、

「砲技《ほうぎ》に達せざればもって兵を論ずるなかれ、孫呉《そんご》に通ぜざればもって砲を譚《たん》ずるなかれ」

と、書き与えています。

最新技術である西洋砲術を知らずに、兵を論じてはならない、しかし、孫子《そんし》・呉子《ごし》という東洋の古典を読まずに、西洋砲術を語ってはならないとの、戒《いまし》めです。

こうして松陰は、藩主の行列より先行して三月五日の早朝、萩を出発しました。まず、中国山脈を縦断して瀬戸内側の小郡《おごおり》（現在の山口市）へ出、そこから山陽道を東へと向かいます。三月十八日には、摂津《せっつ》湊川《みなとがわ》（現在の兵庫県神戸市）の楠木《くすのき》正成《まさしげ》墓所に参り、感激のあまり涙を流しました。

「嗚呼《ああ》忠臣楠子《ちゅうしんなんし》の墓、吾《わ》れしばらく躊躇《ちゅうちょ》して行くに忍《しの》びず」

と、立ち去り難い思いを詠じています。

湊川には元禄《げんろく》五年（一六九二）、水戸藩主徳川光圀《みつくに》（水戸黄門《みとこうもん》）が建立《こんりゅう》した、楠木正成の墓碑《ぼひ》がありました。墓碑の表には光圀書「嗚呼忠臣楠子之墓」の文字が、裏には朱舜水《しゅしゅんすい》（日本に亡命した中国明朝の学者）の撰文《せんぶん》が刻まれています。当時は西国街道からも近く、多くの旅人が訪れる名所になっていました。

実は、楠木正成は松陰が最も尊敬し、憧《あこが》れる日本史上の英傑《えいけつ》でした。

正成は鎌倉後期、後醍醐《ごだいご》天皇に忠誠を誓い、鎌倉幕府の打倒、建武《けんむ》の新政に功績があった河内《かわち》出身の武将です。しかし新政に叛旗《はんき》をひるがえした足利尊氏《たかうじ》の軍勢と湊川で戦い、敗れ、建武《けんむ》三年（一三三六）五月二十五日、「七生滅賊《しちしょうめつぞく》」を誓い自害しました。

松陰は墓所の傍《かたわ》らで売られていた墓碑の石摺《いしずり》（拓本）を買い求めます。その代金は「壱歩《いちぶ》たたりて」だったと、郷里の父・兄・叔父（玉木）あての手紙に書き、知らせているのが面白い。

「たたりて」とは「祟《たた》り」のこと。貧乏書生の松陰にとり、思いのほか高価な買い物だったとの意味です。それでも欲しくて買い求めたのです。

のちに松陰は正成墓碑の石摺を、江戸で掛《か》け軸《じく》に表具し、萩に送り届けています。松陰は、贅沢品《ぜいたくひん》としての掛け軸は嫌いです。しかしこれは「座右《ざゆう》の銘《めい》」だから、絵画と一緒に床の間に掛けてはいけないなど、手紙でうるさく注文をつけています。それほど楠木正成は、松陰の中で特別な存在だったのです。

江戸到着は、萩を出てから三十四日目の四月九日。桜田門外にあった長州藩の上屋敷《かみやしき》（現在の日比谷公園あたり）に草鞋《わらじ》を脱ぎ、ひとまず落ち着きました。

松陰が訪れ、涙した楠木正成墓所
（神戸市湊川神社）

師には恵まれず

江戸で松陰は、師を求めてさまざまな塾や講義に出かけます。ひと月に三十回も勉強会に出て、自分でそのあわただしさに悲鳴をあげたほどです。儒学や武道の他に、「蛮学《ばんがく》」（オランダ語）に挑戦した様子も、史料からうかがえます。あるいは、藩主への進講も月二回つとめます。

生活はとにかく、質素倹約《しっそけんやく》を貫きました。外食はせず、飯を炊《た》いてもらい、おかずは金山寺味噌《きんざんじみそ》や梅干し。そうして少しでも多くの、書籍や学用品を買うのです。

松陰は、江戸に大変な期待を寄せていました。ところが、間もなく失望させられることになります。江戸に到着して三カ月後、国もとの友人にあてた手紙には、江戸で師とすべき人に巡り合えないと、愚痴をこぼしています。あるいは兄にあてた手紙にも、本当に心を満たしてくれる師に出会えないと、嘆いています。

松陰が見るところ、江戸の文人や学者は、生計のためだけに「講義」を売っているのです。また、人々は我が道一筋に生きるという「志」を持っていないとも批判しています。これらは青年期独特の傲慢《ごうまん》、自惚《うぬぼ》れもあるのでしょうが、ともかく松陰の不満は日に日に募《つの》ってゆくばかりです。

半面、心から語り合える、よき友には巡り合えました。

松陰のように、諸国から何かを求めて若者が江戸に集まって来たのが、幕末という時代の特徴です。藩という封建社会の中では、縦の人間関係しか存在しません。しかし「外」の世界には、横の人間関係が存在していたのです。

そうした友の一人に、肥後熊本藩士の宮部鼎蔵《みやべていぞう》がいます。松陰より十歳年長で、やはり山鹿流の兵学者でした。

この時から十三年後の元治《げんじ》元年（一八六四）六月五日、宮部は京都三条で起こった池田屋事変で新選組と戦い、負傷し、四十五歳で自決します。松陰は前年、九州遊歴のさいに熊本で宮部に会っていました。宮部も兵学修行として江戸に出て来ていたので、さらに親交が深まったのです。

「宮部は毅然《きぜん》たる武士、僕常に以《もっ》て及ばずと為《な》す。毎々往々、資益《しえき》あるを覚ゆ」と、松陰は絶賛しています。会うたびに、何か教えられる友なのです。

同じ山鹿流の兵学者という立場もあり、松陰は宮部と、外圧にさらされている日本の危機的状況について、真剣に語り合います。

六月には十日ほどかけ、松陰・宮部、そして熊本藩士有吉市郎の三人で、日本の表玄関ともいうべき相模《さがみ》・安房《あわ》沿岸をつぶさに踏査《とうさ》したほどです。

なんとかしなければ！

松陰と宮部が次なる旅の目的地に選んだのは、東北地方でした。東北地方の防備を視察するのです。松陰は大陸にも近い東北は、日本防衛の関と考えていました。

そのころ、ロシアの黒船などは津軽海峡を我が物顔で往来していました。ロシアの南下政策については、松陰も九州平戸で書を読むなどして、情報を得ています。

もし、ロシアが東北方面から攻め寄せたらどうなるか。

そう考えると、松陰も宮部も、いても立ってもいられない。

「自分が、なんとかしなければ！」

と、思います。

ここが、現代の若者と違っていて、ある意味面白い。

自分の国の危機を眼前にしても、現代の若者ならせいぜい、

「なんとかして欲しいなあ」

でしょう。

松陰の時代は、良い意味での武士道が残っていたのだと思います。

武士というものは、子供のころから、天下国家の一大事が起こったら、真っ先

に自分が駆けつけねばならないと教えられて育ちます。

自分がその役にあろうが、なかろうが、関係ない。

「いざ！　鎌倉」

と、火中の栗《くり》でも拾いに行かねばならないのです。それほど武士というのは、社会に対して責任を持たねばならないのです。だからこそ日ごろから、農工商の上に立っていられるのです。

ところが江戸時代は天下泰平《てんかたいへい》で、戦闘員である武士たちにとっては、退屈な時代でした。島原の乱以来二百年もの間、「いざ！　鎌倉」といった場面は無かった。それでも教えだけは武士たちの中で、連綿《れんめん》と受け継がれていたことに、驚きを感じずにはいられません。

そして幕末、欧米列強からの外圧で、日本が危機的状況に立たされた時、若者たちは、これこそが「いざ！　鎌倉」だと感じるのです。

松陰に限らず、自分が日本を背負っていると信じ、強い責任感を持っている全国の若い武士たちが、「自分が、なんとかしなければ！」と、堰《せき》を切ったように次々と捨て身となって、立ち上がる。それが、幕末という時代なのです。

さて、松陰と宮部は東北視察の計画を進め、来春には出発しようと話し合いを進めます。そこへ、松陰の友人だった盛岡藩士の江幡《えばた》五郎（のち那珂通高《なかみちたか》）が、同行を希望して来ました。

江幡の旅の目的は、盛岡藩の政争のさい、奸計《かんけい》に陥《おちい》って獄中で死んだ兄の仇討《あだう》ちを遂げることでした。その悲願を知った松陰は宮部に江幡を紹介し、彼の申し入れを快諾《かいだく》します。このあたり、いかにも情義にあつい松陰らしい。

こうして三人は、江戸を出発する日を「十二月十五日」と定めました。『忠臣蔵』の赤穂《あこう》浪士が主君の仇吉良《きら》上野介《こうずけのすけ》を討ち取り、本懐《ほんかい》を遂げた日だからです。それが江幡にたいする、はなむけでした。

やむなく脱藩する

ところが、出発直前になり、松陰は過書《かしょ》の問題に直面します。

過書とは長州藩が発行し、必要があれば関所などで提示する手形（身分証明書）のこと。現代で言えばパスポートに匹敵《ひってき》します。

手続きにミスがあったのか。あるいは、江幡の仇討ちに松陰が巻き込まれるのを役人が恐れたのか。詳しい事情は、いまも分かっていません。

ともかく松陰の出発予定日までに、過書の発行は不可能なのです。しかも藩の役人は、過書が無ければ出発は認められぬとの一点張りでした。

さて、どうするか。

出発を延期するか、中止するか。リスクが少ない方法で、問題を解決するのが、大人というものでしょう。

松陰が出奔した長州藩上屋敷跡（千代田区日比谷公園）

ところがなんと、松陰は嘉永四年十二月十四日午前十時ころ、江戸桜《さくら》田《だ》の藩邸上屋敷から出奔《しゅっぽん》してしまうのです。もちろん、過書は持たぬまま。

道を迂回《うかい》したり、街道脇を避けたりしながら松陰は、十九日に水戸に到着。間もなく、後から出発した宮部と江帾が追いつき、合流します。

ともかく、過書を持たずに出発したということは、「脱藩（亡命）」を意味します。藩という組織に属する者としては、秩序《ちつじょ》を無視したわけですから、最大の罪と言えるでしょう。当然、松陰もそれなりの決意が必要だったはずです。

その真意については、現在なお研究者たちの間でも諸説あり、不明な点が多いのです。なぜなら、「大人」だったら簡単に回避できるリスクという地雷《じらい》を、わざわざ踏んで通るような真似《まね》をしているから、常識的では理解に苦しむのです。

私は、江幡という友への「義」を貫《つらぬ》くという、ただその一点だけのために、松陰は脱藩したと考えます。

リスクの大小で物事を判断しないし、出来ない。松陰というのは、それほど純粋な心の持ち主でした。純粋というのは半面、子供じみていたり、常識外れだったりするものです。

しかし、それが松陰最大の魅力だったのです。もし松陰がリスクを避けるため、出発日を変更できる人だったら、また違った人生を歩んだことでしょう。松陰のような、無私無欲に裏打ちされた「非常識」な行動が、誰にでも行えるわけではありません。異端児として大方の者からは理解され難いから、生きにくいだろうとも思います。

しかしだからこそ、わずかではあるが熱烈に共鳴する者が現れてくる。それがやがて時代を動かす、大きな流れとなってゆくのも事実なのです。

のち、この脱藩を松陰は、生涯二十一回の猛挙のうちの、第一回と位置付けています。

東北へ

松陰らは水戸にひと月ほど滞在して、水戸学の学者会沢安《あいざわやすし》（正志斎《せいしさい》）や豊田彦次郎を訪ねて、教えを受けます。

水戸藩は二代藩主徳川光圀《みつくに》の明暦《めいれき》三年（一六五七）から、『大日本史』という歴史書の編纂事業《へんさんじぎょう》を行っていました。ちなみに『大日本史』が完成するのは、明治三十九年（一九〇六）ですから、気が遠くなりそうなほどの大事業です。

歴史を重んじる気風を背景として、水戸藩ではこれからの日本という国の形はいかにあるべきかという問題が、熱心に議論されていました。太平洋に面した水戸には、いつ外国艦が攻め寄せて来るか分からないという危機感が早くから芽生《めば》えています。

それに、皇室を日本という国の頂点として敬《うやま》い、日本人を団結させようという考えが結び付きます。これが、水戸で生まれた「尊王攘夷論《そんのうじょうい》」でした。

尊王攘夷論、いわゆる尊攘論は、のちに薩摩や長州藩が討幕のためのイデオロギーとして利用しますが、元来は討幕を意識したものではありません。

水戸に滞在した松陰は、日本人が日本史を学ぶことの重要性を痛感します。というのも、江戸時代、武士たちが学ぶ「歴史」とは、中国の歴史でした。日本の歴史は天皇と将軍の関係など、為政者《いせいしゃ》である幕府にとっては不都合な部分があるため、敬遠されていたのです。しかし日本の将来を考えるには、日本の歴史を学ぶことが不可欠であることに、松陰は気づきます。

「身皇国《みこうこく》（日本）に生まれて、皇国の皇国たるを知らずんば、何をもって天地に立たん」

とまで、松陰は言い切りました（『睡余事録《すいよじろく》』）。

そして後日、萩に帰った後は『日本書紀』『続日本紀《しょくにほんぎ》』をはじめ『日本逸史《いっし》』『続日本後記《しょくにほんこうき》』『職官志』『令義解《りょうのぎげ》』『三代実録』など、たくさんの日本の歴史書を読みあさることになるのです。

水戸を発《た》った松陰らは常陸太田《ひたちおおた》で年を越し、会津若松、新潟、佐渡島、秋田（久保田）、弘前《ひろさき》、盛岡、一関《いちのせき》、仙台、米沢、日光、足利《あしかが》などを巡ります。途中、奥州《おうしゅう》白河では、江帾と涙の別れをしました。

五カ月近くにおよぶ長旅で、松陰は東北各地の地理や防御《ぼうぎょ》、民政の実態を知ります。

眼前の津軽海峡を外国艦が通航するのを知っても、津軽藩の役人は漠然として顧《かえり》みるところがないと、憤慨《ふんがい》しています。

あるいは龍飛崎《たっぴざき》周辺の村々に住むアイヌ人相手に、悪徳商人らが冷酷な商取引を行っているのを知り、嘆《なげ》きます。

十年の遊歴

こうして嘉永五年四月五日、松陰は江戸に戻ったのですが、当然藩は罪人として扱います。帰国して謹慎《きんしん》し、罪が決まるのを待つよう命じられました。二人の中間《ちゅうげん》(下級武士)に伴《ともな》われた松陰が、萩に帰ったのは五月十二日のことです。

以後松陰は処分が決まるまでの間、日本の歴史書をむさぼるように読み、これからの日本という国の形はどうあるべきかを、真剣に考えます。

藩主慶親《よしちか》は、松陰を「国の宝」と考えていました。だから、一度の失敗で松陰の将来をすべて奪いたくはない。しかし、なんといっても脱藩という重罪です。他の家臣の手前もあり、処罰しないわけにもゆきません。ずいぶんと、悩んだのではないかと思います。

そして七カ月を経た十二月九日になり、松陰に処分が下ります。藩士としての籍を剥奪《はくだつ》し、家禄《かろく》を没収するという厳しいものでした。

さらに松陰は、実父杉百合之助の「育《はぐくみ》」という身分になります。育とは長州藩特有の制度といわれ、家督とは関係の無い簡単な養子のような立場です。

しかし慶親は、松陰が再起する道も残しました。百合之助から藩に願いを出させ、松陰に十年間の遊学許可を与えたのです。つまり松陰は今後十年間、一介《いっかい》の浪人者として藩の枠に縛《しば》られることなく、好きな場所を、好きな時に旅することが出来る立場になったのです。

おそらく慶親は、十年経《た》ってほとぼりが冷めれば、松陰を再び藩士の籍に戻し、働かせるつもりだったのでしょう。これは、松陰にとって最大の、恩情ある処分だったと言えそうです。

松陰に諸国遊学の正式な許可が出たのは嘉永六年一月十六日のこと。通称を松次郎から寅次郎、号を松陰としたのもこの時でした。心機一転といったところでしょう。

一月二十六日朝、知人や門弟に見送られて萩を出発した松陰は、険《けわ》しい中国山脈を越えて周防富海《すおうとのみ》（現在の山口県防府市）に出ます。そこから四国行きの船に乗り、讃岐多度津《さぬきたどつ》、琴平《ことひら》の金毘羅宮《こんぴらぐう》などに立ち寄り、播磨灘《はりまなだ》を渡って大坂へ出ました。

さらに大和《やまと》五條の森田節斎《せっさい》、大和八木《やぎ》の谷三山《たにさんざん》といった学者を訪ねて教えを受けながら、中山道《なかせんどう》を使って五月二十四日、江戸に到着します。現在の東京駅八重洲《やえす》口に近い桶町《おけちょう》に住んでいた友人、鳥山新三郎宅に転がり込み、砲術家の佐久間象山《しょうざん》（「ぞうさん」とも読む）に挨拶《あいさつ》に行ったりしました。

そのようにして十日ほどが経ったところで、二百年以上続いた太平の夢を打ち破る一大事が起こります。

第三章◉

海外渡航の企て

ペリー来航

吉田松陰が十年の遊歴《ゆうれき》を許された嘉永《かえい》六年（一八五三）の干支《えと》は癸丑《みずのとうし》でした。幕末の「志士」を気取る若者たちの中には自分のキャリアを、「癸丑《きちゅう》以来」と誇る者がいたといいます。

この年六月三日、アメリカの東インド艦隊司令長官マシュー・C・ペリー率いる黒船四隻が、江戸湾入口の浦賀に姿を現し、幕府に開国するよう求める、いわゆる「黒船騒動」が起こりました。

つまり「癸丑以来」とは、「黒船騒動」に触発され、政治運動に奔走《ほんそう》するようになった、比較的早い時期から活動している「志士」の先輩格であるとの意味なのです。この年から「幕末」という時代が本格的に幕を開けたと言っても過言ではありません。

幕府はペリー来航に激しく、動揺《どうよう》します。しかしペリー来航は、いきなりの出来事ではありませんでした。幕府の首脳部は一年も前から、オランダ経由でアメリカ使節が訪日するとの情報を得ていたのです。

当時の老中首座は、阿《あ》部《べ》伊《い》勢《せ》守《のかみ》正弘《まさひろ》でした。老中は幕府の諸政務を統轄《とうかつ》する

阿部正弘

最高職で、首座はそのトップ、現代でいうなら総理大臣にあたります。

阿部は備後《びんご》の福山藩主でした。寺社奉行《ぶぎょう》を経て天保《てんぽう》十四年（一八四三）、二十五歳の若さで老中に列せられます。さらに弘化《こうか》二年（一八四五）には、天保の改革に失敗した水野忠邦《ただくに》にかわり、老中首座となった人物でした。なんと、二十七歳の若さで、一国の運命を決めるポジションに立たされてしまったのです。

阿部は、アメリカ使節の来航があると知るや、幕府内で江戸湾の防御強化を唱えました。ところが幕府内では財政逼迫《ひっぱく》を理由に反対され、思うように進みません。そこで阿部は、開明派として知られた薩摩・福岡・佐賀の各藩主に情報を流し、応援を取り付けます。ところが阿部は、かえって幕府内で孤立の色を深めてしまいました。

しかもオランダ情報では、ペリー来航は四月と予定されていたのですが、四月には何も起こらなかったため、阿部の立場は悪化します。ところが六月になり、ペリーは本当に来航したのでした。

ペリーは違った

でもなぜ、阿部以外の幕府要人は、それほどまで悠長《ゆうちょう》に構えていたのでしょうか。実は、開国を求めてやって来た使節は、ペリーが最初ではありませんでした。

いま、ためしに、手もとにある日本史の簡単な年表（『角川日本史辞典』）を見ても、次のようにペリー来航の十年ほど前から、欧米列強がひんぱんに接触《せっしょく》を求めて来たことが分かります。

天保十三年（一八四二）六月、イギリス軍艦来日計画伝わる。
弘化元年（一八四四）三月、フランス船、琉球渡来。
弘化元年七月、オランダ国王の開国勧告書簡来る。
弘化二年五月、イギリス船、琉球渡来。

弘化二年六月、オランダ国王の開国勧告《かんこく》拒否
弘化二年七月、イギリス測量船、長崎渡来。
弘化三年閏《うるう》五月、アメリカ東インドシナ艦隊司令官ビッドル、浦賀来航。
弘化三年六月、フランス・インドシナ艦隊司令長官、長崎来航。
嘉永元年（一八四八）五月、アメリカ捕鯨《ほげい》船、西蝦夷《えぞ》地に漂着。
嘉永元年七月、フランス船、琉球来航。
嘉永二年閏四月、イギリス軍艦マリナー号、浦賀渡来。
嘉永四年一月、中浜万次郎、アメリカ船に乗り琉球に上陸。
嘉永四年十二月、イギリス軍艦、琉球に渡来。

ざっと、こんな具合です。
そのたびに幕府は、なんとか事なきを得て開国を避けてきたのですから、ペリー来航の情報を得ても気楽に構えていたのではないかと思われます。

では、この時期になぜ、欧米列強の訪日が相次いでいたのでしょうか。

それは、ヨーロッパで産業革命が起こり、資本主義が確立されたからです。たくさんの人が働き、たくさんの商品が生産される。その販売先として、アジアの国々が注目されたのです。市場開拓のため、欧米列強のセールスマンたちはアジアを飛び回っていました。

これまで、日本を訪《おとず》れたセールスマンたちは、紳士的だったのでしょう。ところがペリーは違っていた。強引な押し売りだったのです。言うことを聞かぬ相手なら、腕力に物を言わせて言いなりにさせようという、まさに強者の驕《おご》りを体現したような人物。

ペリー来航より七年前の弘化三年（一八四六）にも、アメリカはビッドルを使節として派遣し、日本に開国を求めていますが、この時は拒絶されています。それだけにペリーは、意地でも日本を開国させようと、強い決意を固めていました。

ペリーは黒船に積んだ大砲に弾を込めさせ、乗組員たちをそれぞれの部署につかせ、戦闘態勢をとらせます。さらには幕府が制止するのも無視して江戸湾内に進み、測量を始めて威嚇《いかく》します。

のちに「砲艦外交」と呼ばれるペリーの荒っぽいやり方に、幕府は震《ふる》え上がります。アヘン戦争の情報などから、とても太刀《たち》打《う》ち出来る相手ではないと、幕府は知っていました。そこでペリーの要求を聞き入れ、久里浜《くりはま》（現在の神奈川県横須賀市）に上陸させます。そしてアメリカ大統領の親書《しんしょ》を受け取り、来年回答すると約束させられました。

ペリーが去ったのは、六月十二日のことです。

「泰平《たいへい》の眠りをさます上喜撰《じょうきせん》　たった四《し》はいで夜もねられず」

これはペリー来航で狼狽《ろうばい》する幕府のさまを、庶民が風刺《ふうし》した狂歌《きょうか》と伝えられています。煎茶《せんちゃ》の銘柄「上喜撰」を、「蒸気船《じょうきせん》」にかけているのです。

ただし実際は、ペリーが率いて来た四隻の黒船のうち蒸気船は二隻で、あとの二隻は帆船《はんせん》でした。

久里浜のペリー上陸碑。後年建てられた碑の文字は松陰門下生伊藤博文書（横須賀市）

天下泰平は終わった

ペリーが来航した時、幕府は在江戸の七つの藩に江戸湾警備を命じています。その中のひとつである長州藩は、江戸屋敷に火砲《かほう》三門と和銃《わじゅう》百余挺《ちょう》で武装した五百人からなる藩士を、いつでも出動できるよう待機させていました。そして幕府からの命が届くや、その日のうちに大森海岸へと出動しています。長州藩の迅速《じんそく》な行動に、幕府も世間も驚きました。

なぜ、長州藩はこれほどまでの行動をとることが出来たのか。

それは、長州藩の置かれた地理的環境が多分に影響しています。本州の西の端《はし》に位置し、三方が海に囲まれていた長州藩は、海からの敵に対しては丸裸同然でした。だから、早くから外敵に対する危機感が高まってゆく。海防はきわめて切実な問題だったのです。

天保十四年四月には村田清風の意見書により、萩郊外の羽賀台《はがのだい》で藩士一万四千人が参加するという、大規模な軍事演習も行われています。長州藩の意識の中では、二百年以上も続いた泰平の夢は、幕府のそれよりも少し早めに、打ち破られていたと言っていいでしょう。

幕府はといえば、ペリー来航を契機にようやく重い腰を上げ、海防強化に乗り出します。十五年前、韮山《にらやま》代官で砲術家の江川太郎左衛門が出した意見に従い、江戸湾に大砲を据えるための人工島、品川台場《だいば》の築造に取りかかりました。

予定された十一基の台場のうち第一から第三までが安政元年（一八五四）四月に竣工《しゅんこう》。第五・第六は一月に着手し、十一月に竣工。第四・第七は財政難などの理由から未完に終わり、第八以下は着工されませんでした。いずれも、ペリーとの戦いが行われなかったため、実際に使用されることはありませんでしたが。

ちなみにいまは、第三と第六の台場が残っており、国指定史跡となっています。特に第三は陸続きの公園となり、レインボーブリッジの開通とともに訪れる人も増え、「お台場」の呼び名で親しまれています。

幕府はアメリカ大統領の親書を示し、諸大名から意見を求めました。二百年以上にわたり独裁を続けて来た幕府が、いきなり方針変更したかのような印象を受けます。しかし幕府には、そうした意識はありません。とにかく、切迫していたのです。

この、幕府からの呼びかけに、二百年以上も中央政局から遠ざけられていた外様《とざま》大名は、特に張り切ったようです。俗に言う三百諸侯《しょこう》のうち、二百以上が意見を寄せて来ました。ところが諸大名の意見は、打ち払えとか、受け入れろとかいう単純なものが多く、あまり参考にならない。永い間の鎖国政策で海外情報が伝わっていないので、当然と言えば当然でしょう。

このように確たる方針が定まらないまま、時間だけが過ぎてゆくのでした。

心飛ぶがごとし

松陰が江戸に入って来たのが、五月二十四日。

ペリーの浦賀来航が、六月三日。

お互いが、引き寄せられたような感じです。これはもう、運命としか言いようがありません。

ペリー来航に衝撃を受けた松陰は、すぐさま黒船を追いかけ、浦賀まで走ります。同志瀬野吉次郎に残した手紙には、早く行かないと、海陸共に通行止めになるという噂《うわさ》があるとのことで、

「心はなはだ急ぎ飛ぶがごとし、飛ぶがごとし」

と、その高揚《こうよう》する気持ちを伝えています。

浦賀に着いた松陰は、ペリーがアメリカ大統領の親書《しんしょ》を受け取らねば砲撃する

と、脅《おど》していると知らされます。

一方、日本側の防備に目をやると、台場に据えられた大砲の数もはなはだ少なく、悔《くや》しい思いを噛《か》み締《し》めざるをえません。このまま戦争に突入しても、

「勝算《しょうさん》ははなはだ少なく候」

と、冷静に分析しています。

それから松陰は、久里浜《くりはま》に上陸したペリーが、アメリカ大統領の親書を幕府側に手渡すさまを、大勢の見物人に混《ま》じって見物しました。

松陰は新興国アメリカに、歴史ある日本が膝《ひざ》を屈するなど堪《た》えられないと嘆《なげ》き、来年こそは日本刀の切れ味を見せてやると、意気込みます。

「自分が、なんとかしなければ！」

またもや松陰は、思いを強くしました。松陰は、日本の将来は自分が背負っているのだと、本気で考えているのです。そして八月には、『将及私言《しょうきゅうしげん》』『急務条議《きゅうむじょうぎ》』と題した意見書を、藩主に提出しました。取り次いだ藩士の配慮から、

匿名《とくめい》で藩主のもとに届けられることになります。

その中で松陰は、アメリカの態度は軽蔑侮慢《けいべつぶまん》ばかりで、見聞に堪《た》えないと憤慨《ふんがい》し、幕府の事なかれ主義を徹底して批判。そしていま、藩主が取り組むべき具体策として、他の大名の先頭に立って外国を一掃《いっそう》せよなどと指示します。

藩から暇《ひま》を出された一介《いっかい》の浪人が、藩主に物申すわけですから、常軌《じょうき》を逸《いっ》しています。松陰自身はそれを東北行に次ぐ、二度目の「猛挙」としました。

当然、藩士たちの間で、松陰の行動が分不相応《ぶんふそうおう》であると、非難の声が起こります。そして松陰は、藩邸への出入りを禁じられてしまいました。

象山という師

松陰はこの時期、西洋兵学の大家である佐久間象山《しょうざん》の塾に出入りし、教えを受けています。象山は信州の松代《まつしろ》藩士でしたが、江戸木挽町《こびきちょう》で塾を開いていました。

象山は世界で一番頭が良いのは日本人だと、本気で信じていました。だから世界を統一し、盟主《めいしゅ》となるのは日本人であり、なかでも最も優秀なのは自分だと考えています。

そんな象山が、日本の進路の理想として掲《かか》げていたのは、

「東洋の道徳、西洋の芸術」

道徳はこれまでどおり、忠義・孝行を第一とする東洋の儒教《じゅきょう》でゆく。西洋の道徳とは、弱肉強食が基本で、損得だけで割り切る合理主義なので、取るに足らぬと考えました。しかし、科学技術（芸術）は、西洋の方がはるかに優《すぐ》れているので、積極的に導入《どうにゅう》しようというのです。

象山ははじめ、朱子学を修《おさ》めた儒学者として世に出ました。ところが松代藩主が幕府の海防担当に就《つ》いたため、西洋砲術を学びます。ついには原書を頼りに、

大砲鋳造《ちゅうぞう》を成功させるまでになりました。

東洋と西洋、その両方を学んだ象山だからこそ、何を採《と》り、何を捨てるかが分かっていたのでしょう。

松陰は、象山から強い影響を受けます。象山もまた、浪人になった松陰の境遇を気の毒がり、

「士は過《あやま》ちがあってもいいのだ。過ちを改めることが大切なのだ。そして過ちを改めるのは大切だが、過ちを償《つぐな》うことが最も大切なのだ」

と、松陰を励ましました（『幽囚録』）。

では、どのようにして償うのか。

そのころ、日米戦争が始まるとの風評《ふうひょう》が流れていました。松陰もそうなると思っていました。そこで松陰は、日本よりも圧倒的優勢な西洋兵学の実態を知ろうとします。自分が西洋に渡り、直接学んでこようと決意するに至るのです。

「地を離れて人なく、人を離れて事なく。故《ゆえ》に人事《じんじ》を論ぜんと欲せば、先《ま》づ地理

を観《み》よ」

と、日ごろから考える松陰の背中を押したのも、象山でした。

それより以前、象山は幕府にオランダから軍艦を購入する計画があるのを知り、幕府に建白書《けんぱくしょ》を差し出しました。いくら優れた軍艦を手に入れても、操《あやつ》れる者がいなければ役に立たない。そこで、若い優秀な人材を十数人選び、海外留学させるべきだ、と説いたのです。象山は門下からの留学生として、松陰らを推薦《すいせん》するつもりでした。

ところが幕府は、象山の意見に耳を傾《かたむ》けようとはしません。象山はクセの強い人物でした。自分の建白が握り潰《つぶ》されたと知るや、今度は松陰に密航するよう、勧《すす》めるのです。

ちょうどそのころ、漂流のすえアメリカで学んだ土佐の漁師中浜《なかはま》万次郎が帰国し、幕府に通訳として召し抱えられていました。だから象山は、漂流に見せかければ密航にはならずに済むと考えます。

象山の激励もあり、松陰は奮起《ふんき》しました。気分は「敵情視察」です。ペリー来航からひと月後、今度はロシアのプチャーチンが四隻の黒船を率いて長崎に現れ、幕府に開国を求めます。その情報を得た松陰は、すぐさま行動に移りました。

九月十八日、象山や数人の友に別れを告げて江戸を発《た》ちます。そして、ロシア

松陰が師事した佐久間象山

の黒船に乗り込んで密航するため、長崎へと向かったのでした。

天皇を発見する

江戸を出た松陰が京都に入ったのは、嘉永六年十月一日のことです。松陰にとり、初めて踏む京都の土でした。

松陰は、梁川星巌《やながわせいがん》という老学者を訪ねます。星巌は、勤王《きんのう》詩人としても知られていました。のちに「安政の大獄《たいごく》」で捕らわれようとしたさい、コレラで急逝《きゅうせい》して「死（詩）に上手《じょうず》」と言われます。松陰が面会できたのは、おそらく象山の紹介があったのでしょう。

星巌は訪ねて来た若い松陰に、

「時局多難なおりから、天皇が大変心を痛めておられる」

と、話して聞かせます。

この時の星巌から聞いた話は、松陰に新鮮な感動を与えます。松陰は、毎朝神棚を拝《おが》む、熱心な皇室崇拝《すうはい》者だった実父の影響を受けて育ちました。しかしそれは「神」としての天皇です。宗教的な、いわば信仰の対象です。明治以降、近代国家の君主として立った、絶対的権威としての天皇とは、イメージが異なると言っていいでしょう。

その、「神」である天皇が、生々しい政治の問題に関心を抱き、いろいろと日本の将来を心配しているというのは、松陰にとって驚きであり、「発見」でした。その時の感激を、松陰は次のような長い漢詩に託しています。いわゆる「山河《さんが》襟帯《きんたい》の詩」です。

「　鳳闕《ほうけつ》を拝《はい》し奉《たてまつ》る。　　（鳳闕＝皇居）

山河襟帯・自然の城、

東来《とうらい》日《ひ》として神京《しんけい》を憶《おも》はざるはなし、

今朝《こんちょう》盥嗽《かんそう》して鳳闕を拝し、
野人《やじん》悲泣《ひきゅう》して行くこと能《あた》はず、
上林零落《じょうりんれいらく》・復《ま》た昔に非《あら》ず、
空《むな》しく山河の変更なき有り、
聞説《きくなら》く今皇聖明《きんこうせいめい》の徳、
天を敬《うやま》ひ民を憐《あわれ》み至誠《しせい》より発《はっ》す、
鶏鳴《けいめい》乃《すなわ》ち起き親《みずか》ら齋戒《さいかい》し、
妖気《ようき》を掃《はら》ひて太平を致《いた》さんことを祈る、
従来英皇《えいこう》世出て（給《たま》は）ず、
悠々《ゆうゆう》機を失《いっ》す今の公卿《くぎょう》、
安《いずく》んぞ天詔《てんしょう》を六師《りくし》を勅《ちょく》して、
坐《い》ながら皇威《こうい》をして八紘《はっこう》に被《こうむ》らしむるを得ん、
人生は萍《うきぐさ》の若《ごと》く定住なし、

何《いず》れの日にか重ねて天日《てんじつ》の明なるを拝せん。
右は癸丑《きちゅう》十月朔旦《さくたん》、鳳闕を拝し奉り、粛然《しょうぜん》として之《これ》を賦《ふ》す、時に余将《よまさ》に西走して海に入らんとす

丙辰季夏《へいしんきか》　二十一回藤寅手録《とういんしゅろく》」

松陰はまず京都の大観から説き起こし、国難に直面した日本が攘夷《じょうい》を行い、国を護《まも》り、平和を取り戻さなくてはならぬと訴えます。そして、せっかくこのような不世出《ふせいしゅつ》の天皇がいても、悠々と機会を逃《のが》している取り巻きの公卿たちを批判するのです。黒船を見たことに加え、天皇を「発見」したことが、松陰の心を激しく揺さぶりました。

それから旅を続けた松陰は十月二十七日、長崎に到着しますが、お目当てのロシア艦は三日前に出港していました。ここで松陰の旅は、徒労《とろう》に終わります。結局松陰は江戸に戻り、ペリーの再来日を待つことになったのでした。

幕末の天皇

幕末とは、天皇の存在が政治的に大きくクローズアップされた時代でもあります。松陰もまた、京都で生身の天皇を感じたことで、行動に拍車をかけます。そこでなぜ、黒船来航をきっかけとして天皇が注目されるようになったのかを、少し説明しておきましょう。

江戸時代、天皇は将軍の上に位置する権威でした。しかし江戸時代を通じ、天皇は政治の世界から意識的に遠ざけられていました。

元和《げんな》元年（一六一五）、徳川幕府は「禁中《きんちゅう》ならびに公家諸法度《くげしょはっと》」を定めます。

この中で天皇の仕事とは、

「諸芸能のこと、第一御学問なり」

と決められていました。芸能とは宮中の諸行事、あとは学問が仕事だというの

「山河襟帯の詩」を刻む石碑
（京都市岡崎公園）

です。このため天皇は政治から排され、一般からすると遠い存在、「神」となって御所《ごしょ》の奥深くに封じ込められてしまったのでした。

唯一、天皇に政治的役割があるとすれば、それは武家に対する官位の授与でしょう。「征夷大将軍《せいいたいしょうぐん》」といった称号から、たとえば阿部伊勢守正弘の「伊勢守」まで、申し出によって天皇が与えるのです。あくまで形式的なものですが、幕府や大名たちは自分たちの権威づけのために、天皇の持つ伝統的・宗教的権威を利用したのでした。

幕末の孝明《こうめい》天皇は統仁《おさひと》といい、弘化三年（一八四六）二月に践祚《せんそ》（即位）しています。奇《く》しくも、その年の閏五月、アメリカ使節ビッドルが二隻の軍艦を率いて浦賀に来航し、幕府に開国を求めるという事件が起こりました。

するとその年の八月二十九日、京都の朝廷は幕府に対し、

「近年、異国船が時々現れるとの風説を聞くので、海防を堅固《けんご》にして、天皇を安心させなさい」

といった、命令を発するのです。

それまでの朝廷からすると、異例の政治的発言でした。幕府も、驚いたに違いありません。

実は、幕府が鎖国政策を緩和《かんわ》してゆく傾向にあることに不満を抱いた水戸藩主徳川斉昭《なりあき》が、ひそかに朝廷に情報を流し、危機感を植え付けていたのです。「烈《れつ》公《こう》」の異名を持つ斉昭は熱烈な皇室崇拝者で、また、熱烈な攘夷論者でもありました。水戸藩は徳川御三家のひとつですから、幕府が自分の理想と異なる方向に動こうとするのが、気に入らなくて仕方がない。幕末の政争は、こうした斉昭の不満が原因のひとつだったと言っても、過言ではないでしょう。

幕府の京都における出先機関は、京都所司代《しょしだい》といいます。当時は小浜《おばま》藩主酒井若狭守忠義《わかさのかみただよし》が、その任にあたっていました。酒井はこれを機に、異国船問題の差し支《つか》えない事柄《ことがら》については、朝廷に知らせてはどうかと、江戸の老中に上申《じょうしん》しました。老中はこの意見を認めたので、天皇も異国船の件に限り、政治の世界を垣間《かいま》見《み》ることが認められたのでした。

それから七年後、アメリカの使節ペリーが来航し、開国を迫ったさいも、情報はいち早く江戸から京都に届けられています。時の京都所司代だった龍野《たつの》藩主脇《わき》坂淡路守安宅《さかあわじのかみやすおり》は、アメリカ大統領親書の和訳文まで添え、朝廷に報告します。

ただし、ここが重要なのですが、幕府は別に天皇に意見を求めたわけでも、政治に参加させようとしたわけでもありません。

では何の目的で、天皇にペリー来航の情報を伝えたのでしょうか。

それは天皇を、「神」という宗教的権威として利用しようとしたのです。天皇もその期待にこたえるかのごとく、古くから朝廷と縁の深い七社七寺や全国の大社へ、祈祷《きとう》を行うよう命じています。これこそは、幕府が最も理想とした天皇の役割でした。「神」として信奉される天皇の命で祈祷が行われれば、国民の人心動揺が慰撫《いぶ》できると考えたのです。

日米和親条約

年が明けました。

安政元年一月十八日、ペリーは約束どおり再来日します。しかも江戸湾に現れた艦隊は、六隻（のち七隻）に増えていました。勝手に上陸して測量を行ったりと、高圧的な態度で迫ります。

幕府は確答を与えない、いわゆる「ぶらかし策」で乗り切ろうとしますが、それが通用する相手ではありません。数回の交渉のすえ、三月三日に「日米和親条約」が締結《ていけつ》されることになりました。この条約により幕府は、下田《しもだ》・箱館《はこだて》（函館）の開港、薪水《しんすい》・食料・石炭《せきたん》といった必需品《ひつじゅひん》の補給《ほきゅう》、漂流民《ひょうりゅうみん》の救助、外交官の下田駐在《ちゅうざい》などを認めます。

しかし、かんじんの自由貿易については触れられていません。それでもペリーは満足しました。なぜなら、アメリカを「最恵国待遇《さいけいこくたいぐう》」することを、幕府に認めさせたからです。たとえば今後、アメリカ以外の国が日本と条約を結んだ場合、アメリカとの条約に無い項目《こうもく》が決められたとします。それが自動的に、アメリカとの条約にも加えられてゆくシステムを築いたのです。

アメリカは日本との関係において、世界中の他のどの国よりも優位なポジションを獲得したのでした。こうして日本は「開国」への第一歩を踏み出したのです。

なお、天皇は大の外国嫌いにもかかわらず、この条約に賛意を示しました。開国というよりも、漂流民の保護など、人助けの条約として理解したからです。

アメリカを見たい

ペリーが再び来日した時、松陰は長崎から江戸に戻ったばかりでした。そして今度は、このペリー艦隊に潜《もぐ》り込み、アメリカへの密航を企《くわだ》てます。

そこへ、二十四歳の金子重之助《じゅうのすけ》という青年が訪ねて来ます。萩の染め物屋の子ですが、幼いころ足軽の養子となりました。前年から、江戸桜田の上屋敷で雑《ざつ》役《えき》として働いていたのです。

「自分が、なんとかしなければ！」

金子もまた、日本の将来を心から憂《うれ》えていたのです。そして、松陰と一緒にアメリカに渡りたいと、同行を望みます。

松陰は承諾しました。

まもなく金子は藩邸から脱走し、渋木《しぶき》松太郎と名を変え、浪人となります。「渋木」は金子の先祖が、渋木村（現在の萩市）出身だったからです。

日米和親条約が締結された三月三日、江戸では桜が満開でした。この日、松陰は親友の鳥山《とりやま》新三郎や宮部鼎蔵《ていぞう》、そして金子らと連れ立ち、向島《むこうじま》、白髭《しろひげ》あたりに花見に出かけていきます。隅田川《すみだがわ》の堤《つつみ》（墨堤《ぼくてい》）に桜が植えられ、花見の名所となったのは、幕末のことでした。

松陰は幕府が呆気《あっけ》なくペリーに屈したことが、意外でなりません。拍子抜《ひょうしぬ》けしたと言ってもいいでしょう。前年、掟《おきて》を破ってまで藩主に呈《てい》した意見書も、幕府がアメリカの申し出を断り、開戦となることを前提として書いていたほどです。

松陰は国の一大事を知らない婦人や子供が無邪気《むじゃき》に花見を楽しむさまを見て、哀《かな》しくなってきました。あるいは自分が、もしアメリカで死んだなら、再び花の江戸を見ることもあるまいと思うと、またまた哀しくなるのですが、顔色には出さぬよう努力します。

続く三月五日、松陰は京橋の伊勢本という酒楼《しゅろう》で、宮部ら数人の友に密航計画を打ち明けます。驚いた宮部は、最初反対しました。長崎で外国船に潜り込むのとは、警備面で雲泥《うんでい》の差があるからです。それでも松陰の決意の固さを知った宮部は、最後には賛成せざるを得ませんでした。そして、自分の刀と松陰の差料《さしりょう》を交換し、さらに神鏡《しんきょう》を与えて励《はげ》ますのです。

密航失敗

アメリカ密航は、松陰三度目の「猛挙」になるはずでした。

江戸を発った松陰と重之助は、神奈川沖から黒船に乗り込もうと、保土ケ谷宿《ほどがや》に赴《おもむ》きます。ここで、アメリカ側に自分たちの思いを知らせるための「投夷書《とういしょ》」をしたためました。

ところがペリー艦隊は、伊豆の下田港《しもだ》（現在の静岡県下田市）に向かうとのこと。条約により下田開港が決められたため、その視察に赴くのです。

仕方なく松陰と金子も、下田を目指しました。戸塚・鎌倉・小田原・熱海・伊東などを経て下田に潜伏し、温泉に入ったりしながら機会をうかがいます。永い旅路のなかで松陰は疥癬《かいせん》（皮膚病）にかかっており、その治療《ちりょう》も兼《か》ねていました。

そしてついに三月二十七日の午前二時ごろ、松陰と金子は下田の柿崎《かきさき》海岸で得た小さな漁舟で、ペリー艦隊に近づいて行きます。この時、小舟の櫓《ろ》が無かったため、櫂《かい》に褌《ふんどし》を縛《しば》り付けて、満身の力を込めて押し出したといいます。ところが、途中で褌がすり切れてしまったため、今度は帯を解いて櫂を縛り、やっとのことでミシシッピー号にたどり着きました。

ミシシッピー号に舟を横付けにすると、艦上から明かりが下《お》りて来ます。松陰は、

「我々はアメリカに行きたいのだ。君がこのことを長官に請《こ》うてくれればありがたい」

と、漢字で書いて、それを手にして艦上に上がってゆきました。するとアメリカ人は、しきりと手真似《てまね》で、「旗艦《きかん》のポーハタン号へ行け」と、指示します。ポーハタン号にはペリーが乗っていたのです。

松陰と金子はやむなく元の小舟に戻り、苦心のすえポーハタン号に近づき、はしご段を上って艦上にたどり着きました。

ペリー艦隊が碇泊した下田港とペリー像（下田市）

やがて、日本語を話せるウイリアムスが応対に出て来ます。松陰は昼間、下田に上陸して来たアメリカの船員に、ペリーにあてた「投夷書」を渡していました。これには、アメリカを見たいという松陰の熱烈な思いが、つづられていました。

ウイリアムスはすでに、この「投夷書」を読んでいました。そこで松陰は、懸命になって、「学問がしたいのでアメリカに連れて行って欲しい」と、頼みます。ウイリアムスは、ペリーも心中喜んでいる旨《むね》を告げ、松陰らの勇気を称《たた》えました。

　しかしウイリアムスは、日本と条約を結んだばかりなのに、それを破って密航者を連れてゆくわけにはいかないと、松陰の申し出をきっぱりと拒否《きょひ》します。

　こうして松陰と金子は黒船から降ろされ、ウイリアムスが用意してくれたボートで夜の闇《やみ》の中、陸に送り届けられました。

　ところが、ポーハタン号に乗り移るさい、行李《こうり》や刀を残したままの小舟が流されてしまっており、これが見つかりません。松陰と金子は必死になって捜しますが、そのうち夜が明けてきます。逃げられぬと悟《さと》った松陰と金子は柿崎村の名主《なぬし》宅に自首《じしゅ》して出て、やがて下田奉行所の獄《ごく》につながれました。

「世《よ》の人はよしあし事もいはばいへ　賤《しず》が誠《まこと》は神ぞ知るらん」

　これは下田の獄中で、松陰が作った歌です。

　世間の奴《やつ》はなんとでも言え、自分が国を思う真心《まごころ》は神のみが理解してくれれば、それでよいのだという意味の強烈な歌です。先覚者《せんかくしゃ》ゆえに、なかなか周囲から理解されない苦悩がにじんでいます。

しかし一片《いっぺん》の私心も無かったという、絶対の自信が松陰にはあったのでしょう。行動を起こしたことに対する後悔《こうかい》の念は、まったく感じられません。下田奉行所の役人から、一応の取り調べを受けた松陰と金子は駕籠《かご》に乗せられ、天城《あまぎ》を越えて江戸へ送られます。四泊五日の道中です。

途中、四月十五日、駕籠が高輪泉岳寺《たかなわせんがくじ》の門前を通った時、松陰は、

「かくすればかくなるものとしりながら　やむにやまれぬ大和魂《やまとだましい》」

と詠《えい》じました。泉岳寺に眠る『忠臣蔵』の赤穂《あこう》四十七士を、自身に重ね合わせたのです。

次に訪れるのが苛酷《かこく》な運命であると十分承知しながらも、「義」を貫《つらぬ》くためには行動を起こさずにはいられなかった。それが「やむにやまれぬ大和魂」なのです。

この歌からも分かるとおり、松陰は損得で物事を決める人ではないのです。

江戸に着いた松陰と金子は北町奉行所で取り調べを受けた後、伝馬町《てんまちょう》獄に投ぜられました。伝馬町獄は現在の東京都中央区に二千六百十八坪もの広大な敷地を誇っていた、江戸時代最大の牢獄《ろうごく》です。

すでに松陰は死を覚悟していますから、包み隠さず、すべて自分の罪であると、堂々と申し開きをしました。

ところが運悪く、海岸に漂着《ひょうちゃく》した小舟の中から、佐久間象山が松陰を激励し与えた漢詩が発見されます。このため象山も事件に連座し、捕らえられ投獄されました。そして取り調べのすえ、故郷の信州松代《まつしろ》に送られ、文久二年（一八六二）十二月までの永い蟄居《ちっきょ》生活に入るのです。

第四章◉

一誠兆人を感ぜしむ

金子重之助の死

密航未遂事件から半年後の安政元年（一八五四）九月十八日、幕府が松陰に対して下した判決は、

「父杉百合之助へ引き渡し、在所《ざいしょ》において蟄居《ちっきょ》申し付ける」

でした。この判決は、松陰が想像していたよりも、はるかに寛大《かんだい》なものだったようです。それは幕府が、松陰の行動を、

「一途《いちず》に御国の御為《おんため》を存じ成しつかまつり」

つまり、純粋に日本の将来を案じての行動だったと認めたからでした。

また、ペリーからも、前途ある青年を愛惜《あいせき》するようにとの勧告《かんこく》があったとも言われます。同時に金子重之助にも、長州藩士に身柄《みがら》を預け、萩で蟄居させよとの判決が下りました。

こうして松陰と金子の身柄は、幕府から長州藩へと引き渡されます。そして、罪人として駕籠《かご》に乗せられ、九月二十三日に江戸麻布《あざぶ》の長州藩下屋敷を発《た》ち、萩に向かいました。

ところが金子は、夏ころから獄中で重い病《やまい》に苦しむようになっていました。結核性の腸疾患《ちょうしっかん》だったと言われています。さらに江戸から萩までの永い道中で、かなりの無理を重ね、病状はますます悪化します。激しい下痢《げり》のため衣類が汚れても、着替えは許してもらえません。行く先々で汚れた部分を切り取り、ついには裸に小蒲団一枚をまとわせ、汚物まみれで初冬の東海道を旅させられました。

松陰は武弘太兵衛以下の護送役人に、金子の処遇を改善して欲しいと求め、何度も抗議しますが、聞き入れられません。松陰の着ていた綿入《わたい》れを金子に与えることが、一度認められた程度です。憤懣骨髄《ふんまんこつずい》に徹《てっ》したと、松陰はのちに述べています。

二人を乗せた駕籠は十月二十四日、萩に到着しました。長州藩は幕府の判決どおりには扱わず、二人を城下の獄へと繋《つな》ぎます。藩は必要以上に、幕府に遠慮したようです。松陰の場合は実父から借牢《しゃくろう》願いが出たから、ということで、表面上は処理しました。

ただし、松陰と金子は、同じ獄舎《ごくしゃ》ではありません。松陰は士分ですから「上牢」の野山獄《のやまごく》に、金子は足軽出身ですから「百姓牢」の岩倉獄《いわくらごく》に、それぞれ投じられました。野山獄と岩倉獄は小さい道路を隔《へだ》てて、向かい合っていましたが、その間には身分制度の厚い壁が立ちはだかっていたのです。

死が迫っていると自覚した金子は、涙ながらに近所に住む両親への面会を許可して欲しいと、訴えます。松陰も役人に何度か交渉したすえ、ようやく藩から許可が下りました。それは金子がもう助からないと、誰の目にも明らかだったからです。病《やまい》のために痩《や》せ衰《おとろ》えた金子は、獄の中で両親の手を握り、これまでの不孝を詫《わ》びたといいます。そして、いつ死んでも悔《く》いはないと、

「吾《わ》れ死すとも、祖国のことは忘れませぬ」

との、言葉を残したといいます（福本義亮『踏海志士《とうかいしし》金子重之助』）。

それから数日経《た》った安政二年一月十一日、金子は劣悪《れつあく》な環境《かんきょう》の岩倉獄において、二十五歳の生涯を閉じました。

最初の門人（明倫館の兵学門下生を除く）を失った松陰の悲しさ、悔しさは如何《いか》ばかりであったでしょうか。金子が没して三日後、実兄にあてた手紙にも、昨夜

萩の団子岩に建つ松陰（左）と金子の銅像（萩市）

は金子のことを憶《おも》い、夜通し眠れなかったと知らせているほどです。

あるいはその年の五月五日には、松陰は友人たちに依頼して金子を追悼《ついとう》するための詩歌を作ってもらい、これを集めて『冤魂慰草《えんこんいそう》』とし、金子のことを後世に伝えようとしました。

現在、萩市の保福寺《ほふくじ》墓地に現存する金子の墓前には、「吉田氏」と刻んだ花立てがあります。松陰は獄中で日用品などを節約し、蓄《たくわ》えた金百疋《ぴき》を、金子の遺族に送りましたが、それで作られたもののことです。

野山獄を「福堂」に

松陰が野山獄に繋《つな》がれた期間は一年二カ月でしたが、学問に対する情熱はますます旺盛《おうせい》でした。密航事件を振り返り、『幽囚録《ゆうしゅうろく》』『回顧録《かいころく》』を著《あらわ》す。他にもこの間、数点の著述を残しています。

また、『野山獄読書記』によれば、獄中で読んだ本は六百十八冊を数えます。その内訳は倫理《りんり》哲学に関《かん》するもの九種、歴史伝記類三十五種、地理紀行類十七種、兵書七種、詩文類二十一種、時務論八種、医書六種、その他七種となっています（玖村《くむら》敏雄『吉田松陰』）。松陰に協力して、書籍を差し入れたのは実兄の杉梅太郎でした。

さらに松陰は、この野山獄を「福堂」に変えようと考えます。福堂とは、

「智者は囹圄《れいご》（牢獄）をもって福堂となす」

との、中国の古い言によります。

当時、士分の者の獄である野山獄は南北の二棟《とう》から成り、一棟は六室に仕切られ、松陰の他に十一人が繋《つな》がれました。安政元年当時、二十五歳の松陰は囚人中、最年少です。

松陰が記すところによると、野山獄から出獄する者は稀《まれ》で、幽囚《ゆうしゅう》が五十年も続いている者もいたそうです。幸い出獄できるのは十人中、わずか一、二人という

ありさま。しかも異常なのは、囚人のうち、官から罰を受けて獄に繋がれているのが、たった二人ということです。

あとの九人は、何らかの事情があって家族が隔離《かくり》し、身内から出された借牢願いにより、藩が獄に入れた者たち。彼らは裁判も無ければ、在獄年数も決められていません。当然、明日への希望を持てない囚人たちの心は、荒《すさ》みます。

そのころの日本は、罪人を閉じ込めて、苦しみを与える場所が牢獄だと考えられていました。だから人々は牢獄に入るのを恐れ、犯罪も減り、社会の秩序が保《たも》たれるというのです。

しかし、松陰はこれでは駄目だと考える。松陰が見るところ、なんの見通しも与えられぬまま永く獄に繋がれていると、「悪術《あくじゅつ》」を企《たくら》んでも、「善思《ぜんし》」を生ずる者がいないのです。こんな状態は、「善治《ぜんち》」ではありません。

牢獄とは投じられた罪人が教育を受け、更生《こうせい》するための施設《しせつ》。罪人をいたずらに苦しめるための場であってはならぬと、考えました。

獄中教育

そこで松陰は、アメリカの獄制にヒントを得て獄中教育を行い、野山獄を「福堂」に変えようとします。あきれるほど、前向きな考えの持ち主。しかも良いものは、たとえ敵視しているアメリカからでも積極的に採り入れる。こうした柔軟《じゅうなん》な姿勢が、松陰にはありました。

志も学もある囚人を獄長とし、獄中の運営を任せ、囚人には読書、写字、諸種の学芸にあたらせる。入獄期間は三年を一期《いっき》とし、更生の度合いを見て、放免するか、刑を継続させるかを検討する。どうしても改心しない者は、庶民の身分に落として、島流しとする。ただし重罪人は、三年を待たずに島流しにする場合もある。これらが、松陰の考える「福堂」でした（『野山雑著』）。

松陰は安政二年四月十二日から六月十日にかけて、獄中で『孟子《もうし》』を講義する。

さらに考えを深めるために、『孟子』の輪読会《りんどくかい》を始めています。頼山陽《らいさんよう》の著作で、武家の盛衰《せいすい》を描いた『日本外史』を他の囚人と対読したり、『論語』も講義しました。日本の外交や国防の具体的対策といった時事問題も議論します。あるいは囚人たちの特技を見つけ、俳句の会などを催《もよお》しては、今度は松陰が教えを受ける側にまわる。

松陰には、厳然と教師的立場を固持《こじ》する気はありません。共に教え、学び合おうとしたのです。吉村善作・河野数馬が、松陰の俳句の師でした。

「秋かとてのぞけば梅雨《つゆ》の晴間哉《はれまかな》」
「蛍火《ほたるび》や草露《くさつゆ》しげき谷の間」
「魂《たま》送る芋《いも》がらの舟や暁の風」

などは、このころの松陰の作です。

アクが強くて尊大で、他人を見下す癖《くせ》のある富永有隣《とみながゆうりん》という囚人がいました。確かに優秀な人物なのですが、持て余した家族が借牢願いを出したため、野山獄

松陰が投ぜられた野山獄の跡（萩市）

に投じられたのです。

富永は最初、松陰の獄中教育には関心を示しませんでした。しかし松陰は、『靖献遺言《せいけんいごん》』を富永に読ませて感想を尋《たず》ねるなどして接近してゆきます。そして富永に、書道の先生の役を与える。書道を得意とする富永としても、悪い気はしなかったのでしょう。次第に、打ち解けてゆきます。さらに松陰は富永に、唐詩選絶句の講義も行わせました。

こうして、野山獄の風紀《ふうき》は一変。講義が始まるや、獄の役人である福川犀之助《さいのすけ》までが廊下に座り、松陰の講義に耳を傾けるようになりました。すっかり松陰に傾倒《けいとう》した福川は、夜間禁じられていた点灯《てんとう》を、講義のために許可するなど、便宜《べんぎ》をはかります。のちに福川は、

「あなたが大志を遂《と》げるのは、とても大事なことだ。そのために規則を破り、自分が処罰されたとしても、少しも後悔はしないと考えていた」

と、松陰に話し、松陰を感激させています。

こうした松陰の獄中教育の成果に、長州藩は驚きを禁じえませんでした。そして安政二年十二月十五日、病気保養を名目に、松陰を野山獄から出してやります。

そのさい囚人たちは松陰との別れを惜しみ、俳句で送り出しました。なかでも唯一の女囚だった高須久子の、

「鴫立《しぎたち》てあと淋《さび》しさの夜明かな」

は、よく知られています。ほのかな恋心を秘め抱いていたのではないかと感じさせる俳句だからです。あるいは、そうだったのかもしれませんし、違うかも知れません。鴫は松陰の別の号「子義」のことでしょう。

こうして松陰は、実家である松本村の杉家に帰って来ました。そして杉家の東隅、四畳半の一室で起居《ききょ》する生活が始まったのです。また、松陰は出獄後に、他の囚人たちの放免《ほうめん》にも尽力。安政三年と四年で、八人を放免させています。野山獄は松陰が理想とした「福堂」になったと言えるでしょう。日本史の中でも類を見ないと言われる、獄中教育の成果でした。

『七生説』を著す

前にも述べましたが、松陰が最も尊敬していた歴史上の人物は楠木正成《くすのきまさしげ》（大楠公《だいなんこう》）でした。松陰の時代からすると、五百年も前に生きた人物です。河内《かわち》の武将だった楠木正成は、足利尊氏《たかうじ》の軍勢と摂津《せっつ》湊川《みなとがわ》で戦い、敗れ、自刃《じじん》して果てます。そのさい、「七生滅賊《しちしょうめつぞく》」を誓ったといいます。

幽囚室に閉じこもる松陰が、正成にかんする『七生説《しちしょうせつ》』と題した数百字の漢文を執筆したのは、安政三年四月十五日のことでした。これには、松陰の死生観がよく表れています。『七生説』ではまず、本書でも第一章で触れた、公《おおやけ》と私《わたくし》の共存関係について述べます。

「体《たい》は私《わたくし》なり、心は公《おおやけ》なり。私を役《えき》して公に殉《したが》ふ者を大人《たいじん》と為《な》し、公を役《えき》して私に殉ふ者を小人《しょうじん》と為す」

どんな人間でも、体（肉体）と心（精神）から成っています。

肉体は「私」で、本能のまま動く。一方、精神は「公」で神に近い普遍《ふへん》的な存在。だから「公」を主、「私」を従にして生きる人（つまり本能を精神でセーブできる人）を、「大人」と呼びます。

一方、「私」を主、「公」を従にして生きる人（つまり本能を優先する人）を、「小人」と呼ぶ。小人は生命が尽きると、その遺骸《いがい》は腐《くさ》り果てて土くれとなり、二度と戻ることはない。

一方、大人は天の「理」と通じている。たとえ肉体が朽《く》ち果てても、「理」は古今にわたり天地と共存し、活動し続ける普遍的な人間の道なので、その心は決して朽ち果てたりはしない。

そのようにして体と心、公と私の関係を説明した上で松陰は、楠木正成の最期《さいご》

松陰が崇拝していた楠木正成の銅像
（神戸市湊川公園）

に言及してゆきます。

湊川における自刃のさい、正成の弟楠木正季《まさすえ》は、「願わくは七たび人間に生まれて、もって国賊を滅《ほろ》ぼさん」と誓いました。これに正成も合意し、刺し違えて死んだというのです。

ところが松陰は、正成は七度どころか、まだ一度も死んでいないと、考えています。なぜなら、後世、「忠孝節義《ちゅうこうせつぎ》の人」は正成の「忠節《ちゅうせつ》」を知り、「興起《こうき》」するからです。そのたびに正成は、復活する。その回数は計り知れず、たった七度どころではないと言うのです。

続いて松陰は、かつて三度、湊川の正成墓所に参ったさいの感動を綴《つづ》ります。松陰は正成の墓前で涙が止まらなかった。墓碑裏面の朱舜水《しゅしゅんすい》の撰文《せんぶん》を読み、さらに涙した。

松陰は正成と、血縁関係にあるわけではない。師友として交《まじ》わった信義があるわけでもない。はじめ松陰は、自分が流す涙の意味が理解できなかったそうです。

しかも朱舜水などは外国人なのに、日本人以上に正成の忠節に感激しているのも、理解できなかった。

それから松陰は、「理気の説」を学び、悟ります。

正成も舜水も、そして松陰もまた、普遍的な人間の筋道である「理」を受けて、「心」としているのだと気づきます。「体」は続いていないが、松陰の「心」は「理」という共通項により、正成と結び付いていると、考えるようになるのです。

こうして松陰は、ようやく涙の理由を理解しました。

これまで松陰は、「聖賢《せいけん》の心を存し、忠孝の志を立て、国威を張り、海賊〈外敵〉を滅ぼす」のが、自分の役目だと信じ、活動してきました。ところが脱藩、密航未遂と罪を重ね、「不義不忠の人」となってしまった。世間に対して、面目《めんぼく》ないという気持ちで一杯なのです。

しかしそれでも松陰は、自分の「心」は正成と同じ、「理」に通じていると固く信じています。だからこそ、肉体は滅んでも、土くれになって終わりたくない、後世に影響を及ぼすような人生でありたいと、強く望むのです。

そのために松陰は、自分の言動が天の「理」と通じているか否かを、つねに自分自身で検証しながら生活します。こうした高潔《こうけつ》な生き方が、松陰最大の魅力だったと言えるでしょう。

默霖との文通

幽囚生活の中で松陰は、安芸《あき》出身の勤王僧默霖《もくりん》と、手紙による激しい論争を行っています。最も盛り上がったのは、安政三年八月のことでした。

默霖は文政七年（一八二四）の生まれですから、松陰よりも八歳年長です。

修行僧と旧家の娘が、許されぬ恋に落ちたすえに出来た私生児で、父母の愛を知らずに育ち、周囲からは邪魔者《じゃま》扱いされていました。負けず嫌いで、ひがみ根性も強くなったのですが、叔父《おじ》から学問の指導を受け、頭角《とうかく》をあらわします。ところが、二十歳を過ぎたころ、旅先で大病にかかったため、聾唖《ろうあ》となってしまいました。それでも猛勉強を続け、各地に人を訪ねます。その数三千余人。さらに仏にすがろうとしたのか、西本願寺で真宗の僧籍《そうせき》に入りました。

黙霖は、これまで皇室を疎《おろそ》かにしてきた幕府の打倒を激しく叫ぶ。幕府独裁《どくさい》は覇道《はどう》で、天皇を頂点とした日本再生こそが王道だと考えるのです。

それに対し、松陰は幕府の罪を認めた上で、幕府を諫《いさ》めてみせるという、「感《かん》悟論《ごろん》」を主張します。

将軍や大名から禄《ろく》を食《は》んでいない黙霖は、自身は直接天皇に仕えているのだと自負しており、「王民」と号しています。

しかし松陰は自身の立場を、毛利家と将軍を間に入れて天皇と結び付いていると考えています。

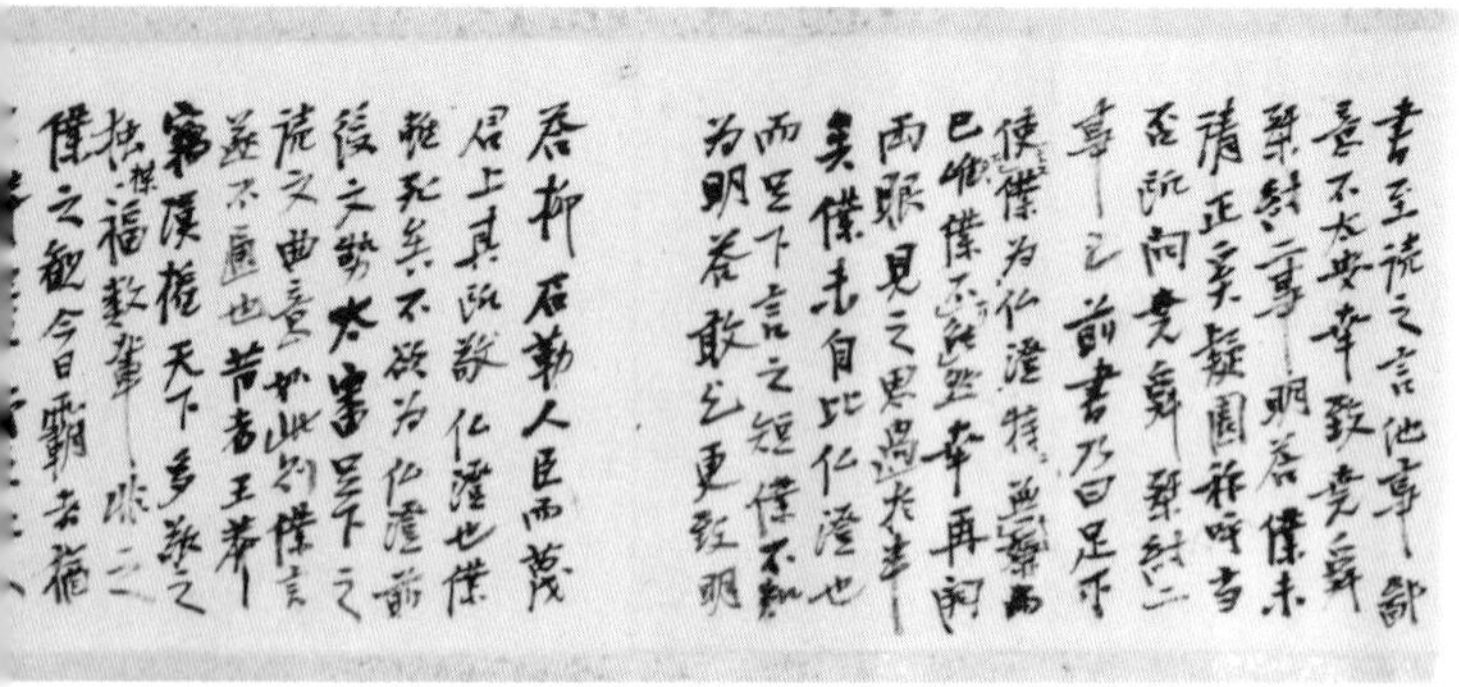

黙霖は松陰の感悟論を、生ぬるいと感じました。

そこで、中国史を例に引いて、松陰を非難します。王莽《おうもう》や石勒《せきろく》といった独裁者を前に、何も行動を起こさなかった事なかれ主義の仏澄《ぶっちょう》などという学者がいました。松陰は彼らと同じで、将軍を感悟させると言いながらも、その実は将軍をどこまでも擁護《ようご》するつもりだろう！　などと、激しくののしります。

これに対して松陰は、自分はまず、毛利家の臣であるという立場から反論をします。そして自分が赦《ゆる》され、天下の有志と交流が

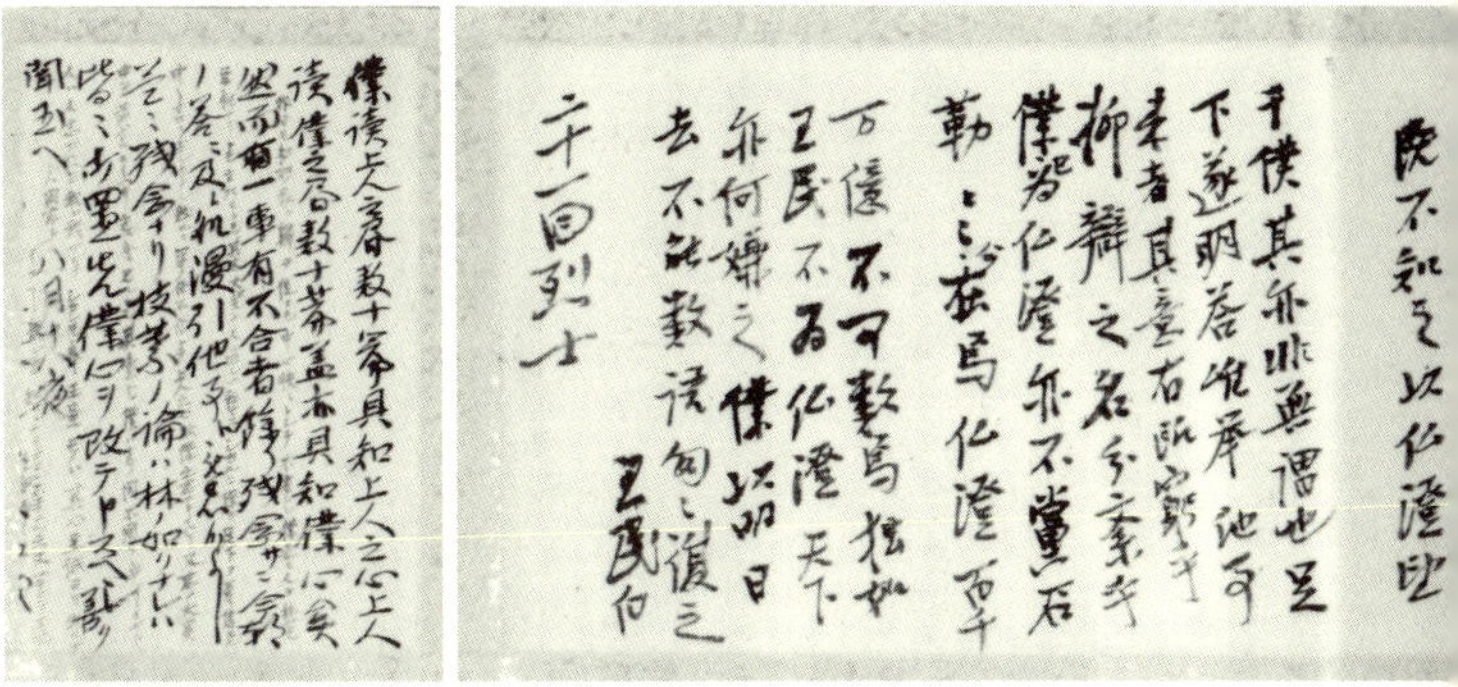

黙霖が王莽や石勒を例に引き、松陰を批判した手紙（左）と松陰の反論（右）（著者蔵）

出来る日が来たら、藩主や他の大名を説き、幕府にそれまでの罪を認めさせ、天皇に対して忠勤を遂げさせる覚悟だとの壮大な計画を述べます。

一介の浪人者が、大名や将軍の心を動かすというのです。しかし松陰は、それが自分一人の力で出来るとは思ってはいない。

「もしこの事が成らずして、半途《はんと》にて首を刎《は》ねられたれば、それまでなり」

といった死罪に処せられる覚悟も出来ているのです。ではその計画は、どうなってしまうのか。

「もし、僕、幽囚《ゆうしゅう》の身にて死なば、吾《われ》、必

ず一人の吾《わ》が志を継ぐの士を後世に残し置くなり」

つまり松陰は、自分の志を継いでくれる門人を育てておくというのです。そして「子々孫々《ししそんそん》に至り」、後継者を作り続ければ、いつかは実現できる日が来ると信じるのです。松陰は、

「一誠兆人《いっせいちょうじん》を感《かん》ぜしむ」

と、宣言《せんげん》しました。

松陰はひとつの「誠《まこと》」をもって、兆人（すべての人々）の感化が出来ると言うのです。

その後、松陰は幕府打倒にかんしては默霖の考えに圧倒されてゆきますが、互いに勤王の同志であると認め合って、論争は終わります。

松陰が、自分の肉体が滅《ほろ》んでも、その志を受け継いでくれる門人を育てようとの意識を強く持つのは、このころからです。脱藩、密航未遂などと、何度も捨て身になって行動を起こすうちに、一人の人生の限界を悟ったのでしょう。

第五章◉松下村塾を主宰

「松下村塾」の由来

杉家の薄暗い幽囚室《ゆうしゅう》で暮らすようになった松陰は、外出も許されていません。そこで家族や親戚《しんせき》の者たちを相手に、獄中からの続きであった『孟子《もうし》』の講義を行います。安政三年（一八五六）三月から始まり、六月十三日で全巻を読了。この時の講義録が、有名な『講孟劄記《こうもうさっき》』です。

引き続き安政三年八月二十二日からは、『武教全書』の講義も始めました。十一歳の松陰が藩主の御前で講義して褒《ほ》められた、あの懐かしい兵学書です。

このころから、外叔父の久保五郎左衛門や実兄の杉梅太郎などの他に、増野徳民《ましのとくみん》・吉田栄太郎（稔麿《としまろ》）・松浦亀太郎（松洞《しょうどう》）といった、主に近所に住む少年たちが、ひそかに松陰のもとを訪れ、教えを受けるようになりました。いずれも、向学心に燃えた少年たちです。

松陰は喜びました。念願だった、自分の志を継いでくれるかもしれない門人が現れたのですから。

そこで松陰は、増野に「無咎《むきゅう》」、吉田に「無逸《むいつ》」、松浦に「無窮《むきゅう》」という字《あざな》（実名の他に付ける呼び名）を与えました。この三人は、松下村塾の「三無」と呼ばれるようになります。松陰も、「三無生なる者あり、ひそかに来たりて吾《われ》に従いて遊ぶ（学ぶ）」などと述べています。

後日、松陰の指示を受けて、野山獄から富永有隣《ゆうりん》を救い出し、松下村塾で講義させるために働いたのも、この「三無」でした。

こうして松陰が主宰《しゅさい》する、松下村塾が始まります。

当初は一日十三、四名ほどが、松陰の教えを受けていたようです。やがて久坂《くさか》玄瑞《げんずい》・高杉晋作《たかすぎしんさく》らも加わるようになり、塾は活気を呈しました。

『武教全書』のあと、松陰は松下村塾で『武教小学』『日本外史』『陰徳太平記』『春秋左氏伝』『資治通鑑《しじつがん》』などの講義を続けています。さらに時事問題についても、塾生たちと時には激しく論じます。

松下村塾の名の由来《ゆらい》は、当時、このあたりの地名が松本村だったからです。「下」と「本」は「もと」という意味では同じ漢字として考えられていましたから、「松本村塾」を「松下村塾」と書き、「しょうかそんじゅく」と読んだのでしょう。

もっとも名付け親は松陰ではありません。叔父の玉木文之進です。

はじめ松下村塾は、玉木が自宅で開いていた私塾でした。その後、親戚の久保五郎左衛門が引き継ぎ、さらに松陰が主宰するようになったのです。

つまり松陰は、松下村塾三代目の主宰者でした。

松下村塾は陋屋

私が特に、松陰が主宰する松下村塾に感心させられるのは、次の三点です。

現在も残る松下村塾（萩市松陰神社）

一点目は、松陰が指導した期間が極めて短いこと。いくつかの説がありますが、最も長いものでも二年半。教育というのは、時間を費《つい》やせばよいというものではないようです。

二点目は、教育施設である塾舎《じゅくしゃ》が粗《そ》末《まつ》な小屋、まさに陋屋《ろうおく》に過ぎないこと。

萩市の松陰神社に国指定史跡として残る松下村塾の遺構は、二室十八畳半の小屋です。幽囚室を出た松陰は、ここを教育の場としました。

向かって右の八畳からなる講義室は、安政四年十一月に竣工《しゅんこう》しています。

さらに塾生が増えたため、翌五年三月、農家の廃屋《はいおく》を買って来て、十畳半分の控え室を塾生たちの手で増築しました。いずれも現代の学校校舎などとは比べものにならないほど粗末なもの。教育というのは、設備だけではないのです。

そして、この陋屋で短期間、松陰の教えを受けた中から、幕末から明治にかけての日本をリードした人材が、続々と輩出されるのです。これが三点目です。

思いつくままに、名を挙げてみましょう。

維新前に若くして国事に倒れた者には、高杉晋作（二十九歳）・久坂玄瑞（二十五歳）・入江九一《いりえくいち》（二十八歳）・吉田稔麿（二十四歳）・寺島忠三郎（二十二歳）・松浦松洞（二十六歳）・有吉熊次郎（二十二歳）・弘忠貞《ひろただださだ》（二十八歳）・杉山松介（二十七歳）・大谷茂樹《おおたにしげき》（二十八歳）・赤禰武人《あかねたけと》（二十九歳）・時山直八《ときやまなおはち》（三十一歳）・駒井政五郎《こまいまさごろう》（二十九歳）などがいます（括弧《かっこ》内は数えの享年）。ほとんどが二十代というのが、痛々しい。

白刃《はくじん》の下をくぐり抜け、生きて明治の世を見、国家の中枢《ちゅうすう》で働いた者には、前原一誠《いっせい》（参議《さんぎ》・兵部大輔《ひょうぶだゆう》）・伊藤博文《ひろぶみ》（初代内閣総理大臣、帝国憲法を制定）・山県有朋《やまがたありとも》（内閣総理大臣、陸軍大将、元帥《げんすい》）・山田顕義《あきよし》（初代司法大臣、現在の日本大学・国学院大学学祖）・品川弥二郎（内務大臣、現在の農協や信用金庫の基を築く）・野村靖（内務大臣・逓信《ていしん》大臣）・渡辺蒿蔵《こうぞう》（長崎造船所創設）・正木退蔵《まさきたいぞう》（ハワイ総領事）などがいます。括弧内は彼らが就いた地位、成した仕事のごく一部です。ただし前原一誠は明治九年、政府に不満を抱く士族たちの反乱「萩の乱」の首謀者《しゅぼうしゃ》となり、斬首《ざんしゅ》に処《しょ》されています。

みんな近所の少年だった

驚かされるのは、歴史上に名を留《とど》めた塾生の人数だけではありません。最も驚嘆《きょうたん》すべきは、彼らの大半が松下村塾の近所に住む、ごく普通の少年に過ぎなかったという点ではないでしょうか。

目まぐるしく移り変わる幕末の時勢に、官学では対応できなくなります。そこへ、比較的自由な学風を持つ、私学がその意義を認められ、台頭《たいとう》して来るのです。

松下村塾と並び称される幕末の私学に、大坂の蘭学塾《らんがくじゅく》適塾《てきじゅく》（緒方洪庵《おがたこうあん》主宰）と、九州日田の漢学塾咸宜園《かんぎえん》（広瀬淡窓《ひろせたんそう》主宰）があります。

それぞれの塾の成り立ちや性格を、ここで比較することはしませんが、いずれも幕末から明治にかけて、多くの人材を世に送り出していますから、松下村塾と共通点を持っていると言えるでしょう。

しかしこの二つの私塾が松下村塾と決定的に異なるのは、適塾と咸宜園には全国各地から選《え》りすぐりの「秀才」たちが集まって来ていたのに対し、松下村塾は「近所の少年」たちが大半であったという点ではないでしょうか。

適塾の場合ですと、福沢諭吉《ゆきち》は豊前《ぶぜん》中津、大村益次郎《ますじろう》（村田蔵六）は周防《すおう》鋳銭《すぜん》司《じ》、佐野常民《つねたみ》は肥前《ひぜん》佐賀、大鳥圭介《けいすけ》は播磨《はりま》といった具合に各地から大坂に集まって来て、洪庵の教えを受けたのです。

ところが松下村塾は、違っていた。

たとえば伊藤博文。

伊藤は周防熊毛郡束荷村《くまげぐんつかりむら》（現在の山口県光市）の、農家に生まれました。少年のころ、家庭の事情から萩に出て来て、家族ぐるみで下級武士の伊藤家に養子に入ります。少年のころの伊藤は、かなりの悪戯《いたずら》っ子だったとの逸話が伝わっています。

安政三年、十六歳の伊藤は、藩命により相模湾《さがみわん》（現在の神奈川県）の警備に出張します。そのさい、長州藩士来原良蔵《くるはらりょうぞう》に見込まれ、文武の道を叩《たた》き込まれました。そして翌年、帰国にさいし来原は、自分の友人である松陰の指導を受けて学問を続けるよう、伊藤に勧《すす》めたのです。

さいわい伊藤家は、松下村塾から「数百メートル」しか離れていませんでした。藁葺《わらぶ》き屋根の伊藤旧宅が現存しており、国の史跡に指定されています。伊藤は松陰の門下に加わり、高杉晋作や久坂玄瑞といった先輩たちと出会います。伊藤が当時、友人にあてた手紙には松下村塾が盛んであることや、自分も昼夜読書に励んでいることが述べられています。

この、「数百メートル」という距離が、伊藤の人生の大きな分岐点ではなかったかと考えます。

もし、生誕地の束荷《つかり》村に住んでいたら、あるいは同じ萩でも松下村塾から数キロ離れた場所に住んでいたら、伊藤は松陰や他の門下生たちと出会わなかったかもしれない。そうなると伊藤の人生もまた、大きく異なっていたことでしょう。日本史に記録される初代内閣総理大臣の名も、「伊藤博文」ではなかったかもしれない。

そうして見ると、人と人との出会いというのは、実に不思議なものであると言わねばなりません。

松陰という若き一人の指導者の近所から、多数の「人材」が輩出された事実から何を読み取るのか。それは、優れた、魅力的な指導者が一人いれば、人材は何人でも育つということではないでしょうか。一誠兆人《いっせいちょうじん》を感ぜしむ、なのです。

「人材がいない、人材がいない、最近の若いやつは駄目だ」

などと、不平を垂《た》れているような指導者は、指導者として失格です。自分にとって都合のよい「人材」が転がり込んで来ないのを恨《うら》むなど、もってのほかです。人材とは探し回るものではなく、指導者が育てるものなのです。松陰が主宰した松下村塾の歴史は、そうした大切なことを教えてくれているのです。

ところが昨今の日本の企業や役所は、「即戦力《そくせんりょく》」などと聞こえを良くして、指導者が人を育てるという風潮を絶やしてしまった。何でも速いことが重宝《ちょうほう》がられ、スピードばかりが求められる。経済的にも精神的にも、「人づくり」の余裕を国じゅうが失ってしまったのです。

だから、人材を育てられない指導者が、指導者として当たり前のごとく幅を利《き》かせてしまう。これでは、崩壊《ほうかい》への坂道を転がり落ちるしかない。

日本はいま一度、「人づくり」を真摯《しんし》に考える国に、立ち戻るべきだと思います。

人を魅了する松陰の姿勢

松下村塾生だった天野御民《みたみ》の回顧談《かいこだん》によると、松陰の学問は朱子学を主としますが、かといって、ひとつの学派に偏《かたよ》っていたわけではありません。他のあらゆる学派や自分の説も加え、取捨折衷《しゅしゃせっちゅう》しながら塾生たちに説きました。

あえて言うなら、「松陰流」だったのでしょう。そうした柔軟性《じゅうなんせい》からも、松陰の学問に対する態度がうかがえます。

では、松陰はなぜ、塾生たちにかくまで強い影響を与えることが出来たのでしょう。それは松陰が、自らの教えを実践《じっせん》してみせたからではないでしょうか。自分でやってみせる指導者だったのです。

萩は教育熱心な城下町ですから、当時はたくさんの「学者」が住んでいました。

「このままでは日本が危ない」

と、偉そうに叫ぶ学者は、いくらでもいたでしょう。しかし、それがどれほど立派な意見であっても、実践が伴わない机上《きじょう》の空論《くうろん》では少年たちの心には響かないのです。

松陰のもとに通ってきた塾生たちの年齢は、大半が十代後半。現代で言うなら、中学生か高校生くらいの年ごろです。

少年期というのは感受性が鋭く、つねに何が「本物」で、何が「偽物《にせもの》」なのかを真剣に知りたがっている。それだけに、純粋な嗅覚《きゅうかく》を持っています。だから机上の空論をもてあそんだところで、すぐに「偽物」は見抜かれてしまう。

松陰の外見は貧相《ひんそう》でした。がりがりに痩《や》せていたし、見るからに腕っぷしも強そうではない。しかもあまり風呂にも入らぬから、近づくと臭《くさ》い。ともかく、外見に頓着《とんちゃく》する人ではなかったことは確かです。

しかし、少年たちは、そんな松陰を軽《かろ》んじることは、決してありませんでした。

それは少年たちの目に、なによりも松陰が魅力的な、「本物」の「英雄」として映っていたからだと思います。

松陰は学問の心得として、

「学者になってはならぬ、人は実行が第一である」

と、つねに塾生に説いていました。そして自らも、この教えを実践してきたのです。

脱藩して東北を遊歴《ゆうれき》したり、アメリカ密航を企《くわだ》てたりといった一見、血気にはやったような危険な行動も、若い門人たちからすると、血湧《わ》き肉踊《おど》る「冒険譚《たん》」や「武勇伝」でしょう。現代で言うなら、パスポートを携帯せずに世界じゅうを飛び回ったとか、宇宙からやって来たUFOに乗り込もうとしたとか、そういった話に匹敵《ひってき》するものだと思います。

萩以外の世界を知らない塾生の多くは、松陰の話を「窓」にして、そこから外の世界を見ようとしました。

塾生の横山幾太《いくた》は当時、松陰の名は萩では子供や婦人に至るまで、知らない者はなかったと述べています。その横山もまた、松陰を一目見ようという好奇心をもって出かけ、入門してしまうのです。塾生にすれば、数々の凄《すご》い体験を重ねている「本物」の「英雄」が、松陰なのです。

しかも、そこには一片の私心も無い。松陰はただひたすら日本の将来を案じ、我が身の危険を承知で行動していたのですから、それを知った少年たちの魂は、激しく揺さぶられたに違いありません。

そして師の背中を見た塾生たちは、今度は、

「自分たちが、なんとかしなければ！」

との気持ちを、高めてゆくのです。

松陰は塾生たちを単に、理屈で「教化」したのではありません。自分の姿を見せて、「感化」してしまったのです。だから、強い。

松陰の講義

明治のころ、長崎造船所を創立し、日本の近代造船界発展に尽くした渡辺蒿蔵《こうぞう》という人物がいます。

渡辺は幕末のころ天野清三郎《せいざぶろう》といい、松下村塾に通って松陰から教えを受けた一人です。維新後は松下村塾での思い出、松陰の面影《おもかげ》について語り残し、昭和十四年（一九三九）九月七日、故郷萩において、九十七歳の天寿をまっとうします。

渡辺の回顧録によると、松陰はきわめて丁寧《ていねい》な物腰で塾生に接し、大変優しかったそうです。年長者に対しては大抵「あなた」と呼び、年少者に対しては「おまへ」などと呼んでいました。

また、松陰の授業方法について、

「先生の坐処《ざしょ》定まらず、諸生の処《ところ》へ来りて、そこにて教授す」

と、語っています。つまり、松下村塾では松陰の座る定位置というものがなく、塾生たちがいる長机の間に入ってきて、講義や談論を行ったというのです。あるいは日々の行事などは定められておらず、時には一同が外に出て、運動することもあったようです。その時、塾生たちは弁当を持参して来るのですが、用意できない塾生については、杉家が提供したといいます。

また、これは天野御民の回顧録の中にあるのですが、十六、七歳の馬島春海《まじましゅんかい》と滝弥太郎が入門を希望して訪ねて来た時のこと。

二人に対して松陰は、

「教授は能《あた》はざるも、君らと共に講究《こうきゅう》せん」

との言葉をかけました。教えることは出来ないが、共に勉強してゆきましょうというのです。

これらの証言を見てゆくと、松陰が松下村塾で目指したのは、童謡《どうよう》「めだかの学校」のような雰囲気だったらしい。どれが生徒か、先生か分からない、皆で楽しくお遊戯《ゆうぎ》している。松陰は塾生たちを皆、「同志」として遇《ぐう》したのです。

それでも塾生たちは、松陰を心から尊敬しているから、師弟間の秩序《ちつじょ》は決して乱れたりしませんでした。いくら先生が自分たちの方に下りて来ても、塾生たちは緊張を緩《ゆる》めたりしない。このような信頼関係が成り立った場合、師弟間の垣根などは、意識して設ける必要などないのです。「めだかの学校」は、教える者と、教えられる者の最も理想的な関係だと言えるでしょう。

こうした師弟関係を築く上で松陰が意識したのは、中国の学者王陽明《おうようめい》（一四七二～一五二八）です。陽明は山中や谷川の流れる景色のよい場所で門人に教えを説き、啓発しました。その話を知った松陰は、塾生たちに自由にのびのびと励ましあい、頑張って欲しいと望みます。そのため、講義は連日にわたり休みなく続けますが、出席、退出など一切の規則を設けませんでした。塾生たちの自主性を重んじたのです。大切なのは、学ぶ者の意志や気力であり、理屈や筋道は後でついてくるものだと、松陰は述べています。

少年たちは特に、利害関係のない人間関係については残酷です。純粋と言ってもいい。「その人」に魅力が無ければ、たちまちそっぽを向く。あるいは軽薄なものを感じたら、即座に侮《あなど》りにかかる。

魅力のない、その器ではない指導者は、それを「秩序」や「権威」という力を借りて強引にねじ伏せ、押さえ付け、治めようとします。まず、自分は指導者だから偉いのだ、特別なのだ、といった「垣根」を設ける。そのことには、懸命になる。

次に、一生懸命になって作った垣根の内側で居丈高《いたけだか》になったり、必要以上に尊大になってみせて、相手に従属《じゅうぞく》、隷属《れいぞく》を強《し》いる。あるいは裏からもっと強い者に手を回し、圧力をかけて、政治的に従わせるやり方もあるでしょう。

しかし、そんなものは本来、「人」が「人」の心を揺さぶり、導くことと、まったく無縁のものであることは、言うまでもありません。こんな指導者の下から、人材は育つわけがないのです。

久坂玄瑞を打ちのめす

松陰は塾生たちと「同志」として交《まじ》わる以上、真摯《しんし》に向き合いました。特に、これぞと目をつけた逸材《いつざい》には、厳しすぎるほどの態度で接することもあったようです。のちに、松下村塾の塾頭的役割を果たす久坂玄瑞《くさかげんずい》（秀三郎・義助《よしすけ》）が入門した時の経緯を見てゆきましょう。

玄瑞は天保十一年（一八四〇）の生まれですから、松陰よりも十歳年少です。玄瑞は萩城下に住む藩医の息子で、幼いころから秀才の誉《ほま》れが高かったといいます。貧しいながらも平穏な少年時代を過ごしていたようですが、十四から十五歳にかけてのわずか一年ほどの間に、最愛の母・兄・父を相次いで亡くし、天涯《てんがい》孤独の身となってしまいました。

不幸のどん底に叩《たた》き落とされた玄瑞ですが、それでも十七歳の安政三年三月、父と兄の三回忌を済ませたのち、九州遊歴へと旅立ちます。

「男子蓬桑《ほうそう》の志、飄然《ひょうぜん》として覇城《はじょう》（萩）を出づ。

雲烟《うんえん》三月よろし、書剣《しょけん》九州の行。

月落ちて林花暗く、鞭風馬声《べんぷうばせい》を帯《お》ぶ。

江山《こうざん》、眼裡《がんり》に吟《ぎん》じ、随所予に評を託す。」

玄瑞が旅立ちにさいし、作った漢詩です。大変な詩人、ロマンチストだったことがうかがえます。

それから約三カ月をかけて豊前《ぶぜん》から筑後《ちくご》、肥後《ひご》熊本、肥前《ひぜん》長崎と巡り、学者や詩人を訪ね歩きました。熊本では、松陰の親友で、共に東北へも旅行した宮部鼎蔵《ていぞう》を訪ねています。そして海防の問題について話し合い、アメリカの横暴《おうぼう》を憤《いきどお》りました。ここで玄瑞は、外国を打ち払うため、熊本に眠る戦国武将の加藤清正《きよまさ》を起こしたいほどだ、といった意味の漢詩を作っています。

萩に帰った玄瑞は、宮部から勧《すす》められたこともあり、杉家で幽囚《ゆうしゅう》中の松陰に接近します。それまで玄瑞は、松陰と面識はありませんでした。

安政三年（一八五六）五月下旬のこと、玄瑞はまず、自分の時局に対する所信を述べた手紙「義卿《ぎきょう》吉田君の案下《あんか》に奉呈《ほうてい》す」を書き上げます。そして、知人である儒学者の土屋矢之助を介して松陰のもとに届けました。これは、玄瑞にしてみれば自信たっぷりの持論でした。

この中で玄瑞は、幕府がアメリカの恫喝《どうかつ》に屈し、開国したことを激しく非難します。そして、かつて元寇《げんこう》のさい、鎌倉幕府の執権北条時宗《ときむね》が元の使者を斬《き》り、断固たる態度を示したように、いまの幕府もまた、通商を迫るアメリカ使節ハリスを斬って捨てるべきだと、過激な攘夷《じょうい》論を主張します。

そうなれば当然、アメリカが攻め寄せて来るでしょうから、平和ボケした日本人たちを覚醒《かくせい》させ、緊張感を高めさせ、期せずして日本の国防もしっかりするだろうと、玄瑞は述べるのです。

この、威勢のいい十七歳の少年の意見に、松陰はどう応じたのか。実は、こっぴどく打ちのめしたのでした。やっつける時も、真剣です。

松陰は玄瑞の意見につき、議論浮泛《ふはん》（上っ面だけ）、思慮《しりょ》粗浅《そせん》、至誠《しせい》のうちから発せられた言説ではないと、徹底した非難の言葉を浴びせかけました。そして、世の中にいる悲憤慷慨《ひふんこうがい》を装《よそお》い、名利《みょうり》を求めようとする連中と、ちっとも変わりは

久坂玄瑞

無いと言います。さらに、自分はこの種の文章を最も憎むのだとまで言い切ります。松陰はアメリカの使節を斬るなら、嘉永六年（一八五三）のペリー来航のさいに、やっておくべきだったと述べます。翌年（安政元年）のペリー再来のさいでは、もう遅い。なぜなら、和親条約を締結《ていけつ》してしまったから。さらに安政三年の現時点では、問題にならないくらい遅い。

時機というのは、たちまち変転するものであり、玄瑞の意見は威勢がいいだけで、その点を理解していないと責めるのです。これが、思慮粗浅。

松陰が思うには、世の中には何も出来ない立場というものは無いし、何も出来ないという人もいないのです。

だからこそ、事を論じるには、まず、自分の立場で出来ることは何か、という考えから始めなければならない。将軍は将軍、大名は大名、百姓は百姓、乞食《こじき》は乞食といったそれぞれの立場で、考えを起こさねばならないのです。玄瑞は医者ですから、その立場で自分が何を行うべきかを考えてみよと、松陰は求めます。

そして自分は囚徒《しゅうと》だから、囚徒の立場で考えるのだとも述べます。

このようにして、利害や打算の心を捨て、死生《しせい》の念を忘れ、国のため、主君や親のために尽くすのです。そうすれば家族からも、朋友《ほうゆう》からも、郷党からも理解を得られる。上は君《きみ》から信じられ、下は民衆にも信じられる。そこで初めて将軍であっても、事が成し遂げられるのです。大名でも、百姓でも、乞食でも、何らかの事が行えるというのです。医者でも囚徒でも、何かが出来るのです。

このような問題を外に置いて、天下の大計がどうのと言い、そのためによしんば口が焦《こ》げ、唇がただれても、何の意味もないのです。松陰が、玄瑞の議論が浮《うわ》ついているというのは、この点です。

松陰は実践のない言説を、評価しません。実践的であるというのは、まず、自分の立場において工夫することです。熱烈な大言壮語《たいげんそうご》なら、誰だって吐《は》ける。浮ついた奴《やつ》、考えの粗雑な奴は大嫌いだと、松陰は玄瑞を突き放しました。

松陰の期待

しかし松陰が、玄瑞をかくまで無慈悲《むじひ》に批判したのには、大いに「下心《したごころ》」があってのことでした。実は玄瑞の手紙を届けた土屋矢之助に対し、松陰は次のような手紙を送り、その本心を知らせています。

「坂生《ばんせい》（玄瑞）、志気凡《ぼん》（平凡）ならず、何とぞ大成《たいせい》いたせしかと存じ、力を極めて弁駁《べんばく》（誤りを言い当てること）いたし候」

つまり松陰は玄瑞に大いに期待し、大成させたいために、批判したのでした。そして松陰の批判に対し、玄瑞が激しく反論してきたら「本望《ほんもう》」とし、もし面《めん》従腹背《じゅうふくはい》して、逃げて行くならば、自分の弁駁は無駄だったとも述べています。

案の定《じょう》、玄瑞は松陰の返事を読んで憤慨《ふんがい》しました。憤《いきどお》って、机上を叩きながら、さらなる反論の手紙をしたため、松陰に送りつけてきたのです。

　ところが玄瑞の反論は、アメリカ使節を斬《き》れという自説がいかに妥当《だとう》かということを、延々と述べたものでした。松陰が一番問題にした、物を考えるための出発点に対する反論ではありません。ここで松陰は冷却期間を設けようと、ひと月あまりの間、返事を書きませんでした。そして今度は、玄瑞が時勢論をしきりと行うので、松陰も時勢論で対抗します。それによると松陰は、

「いまや徳川氏はすでに二虜《にりょ》（アメリカ・ロシア）と和親したのであるから、わが方より断交すべきではない」

とし、日本側から「断交」すれば、国際的な「信義」を失うとします。よって、いまからは国内を静かにさせ、条約を厳《げん》に守って「二虜」をつなぎとめるのです。その隙《すき》に日本は蝦夷《えぞ》を開拓し、琉球を手中に収め、朝鮮を併合し、満州を服従させ、支那と提携して、インドにも手を差し伸べて国力を強化するべきだというのが、松陰の考えでした。日本が先頭に立ってアジアを団結させ、欧米列強の魔の手から守るという防衛論です。そうすれば日本は、「二虜」よりも優位に立つ

ことが出来るとも言います。いたずらに北条時宗を真似《まね》て外国使節を殺し、愉快《ゆかい》がるような必要はないと説くのです。

しかしそれとて、幕府の任であり、大名の仕事であり、自分が論じるのは「空論虚談《きょだん》」に過ぎぬと自覚しています。

それから松陰は、玄瑞の論は実践を伴っていないと、またもや激しく非難しました。すると玄瑞は、再び反論を寄せて来ます。このため松陰は、玄瑞の説を一応認めたようなふりをして、三度目の手紙を出す。その中で、

「願わくは足下（あなた）自ら断じて今より着手し、虜使《りょうし》（外国使節）を斬ることを任《にん》となせ。僕はまさに足下の才略を拝見しようと思う」

と、突っぱねました。

アメリカ使節を斬るなら、どうぞやってみせてくれと実践を求めたのです。

もちろん、玄瑞は使節を斬ることは出来ません。ここで議論に、終止符が打たれました。地に足が着いていなかったと思い知らされた玄瑞は、やがて松下村塾

の門をくぐります。そして松陰は玄瑞を、
「防長年少中第一流」
とまで、絶賛するようになるのです。さらに玄瑞に惚《ほ》れ込んだ松陰は、自分の三人いる妹のうち、末妹である文子を玄瑞に嫁《とつ》がせました。松陰と玄瑞は義兄弟の関係にまでなったのです。

晋作に学問をさせる

久坂玄瑞と並び、「松門の竜虎《りゅうこ》」とか、「松門の双璧《そうへき》」と称された塾生が、高杉晋作です。

晋作は十六歳の安政元年二月、父に従い、江戸を訪れています。

奇《く》しくも、その年一月にペリーが再来し、日米和親条約締結のための交渉が進んでいました。幕府はペリーの高圧的な態度に屈してゆきます。これを目《ま》の当たりにした晋作もやはり、武士の子でした。年少ながら、強い危機感を抱きます。

「自分が、なんとかしなければ！」

自分こそが、国を背負っているのだという気概がありました。

そこで、難解な兵学書である星野常富《つねとみ》『武学拾粋《ぶがくじゅうすい》』を読み、剣術稽古《けいこ》に励みます。

その後、萩に帰った晋作は、藩校明倫館に通いながら、自分が進むべき道を模《も》索《さく》し続ける。当初は剣術に熱中し、武人《ぶじん》を気取っていましたが、その志ははっきりせず、悶々《もんもん》とした日々を送ったようです。

こうして晋作は、松下村塾の門をくぐったのでした。それは、安政四年、十九歳の時です。松陰は入門してきたばかりの晋作を観察して、学問が未熟であると感じます。しかも、自分流に物事を解釈する悪癖《あくへき》（松陰は「任意自用《にんいじよう》の癖」と呼ぶ）もあったようです。

ところが松陰が見るところ、晋作には良い点もある。松陰は晋作を、「有識の士」

であると評価しました。直感力で、物事の正か否かを見分ける嗅覚《きゅうかく》が備わっているのです。本気で学問をさせたら、天性の才にさらに磨きがかかり、素晴らしい人物になるとも思いました。

高杉家は戦国の昔から毛利家に仕える、譜代《ふだい》の家臣です。何代にもわたり、藩主の側近を輩出し続けた、「名門」と言っていい家柄です。家格は馬廻《うままわ》り（八組《はっくみ》・大組）で、幕末のころの家禄は二百石。晋作はその一人息子であり、跡取りとして、大切に育てられてきたのです。

それだけに晋作は我がままで、負けん気が強い。プライドが異常に高くて、子供のころには、誤って晋作の凧《たこ》を踏み破った武士に激しく抗議をし、土下座で謝罪させたという伝説が残るほどです。

友人たちからも、

「鼻輪の無い暴れ牛」

と呼ばれ、恐れられていました。

しかし、それだけに、松陰が欠点を指摘したら、晋作は意固地《いこじ》になって、よけい勉強をやらないかもしれない。あるいは、へそを曲げて、松下村塾通いを止《や》めてしまうかもしれない。人間、欠点を指摘されるのは面白いものではありません。それが的《まと》を射《い》ていればいるほど、面白くないものです。下手をすると、せっかくの長所までも潰《つぶ》してしまいかねない。

短所を戒《いまし》め、指摘するのは控えめに、美所、長所を誉《ほ》めて伸ばすというのは、松陰が影響を受けた中国の王陽明の教えでもあります。そこで松陰は、しばらく晋作の観察を続けました。

すると、晋作は一つ年少の久坂玄瑞に大変なライバル意識を抱いていることが、分かってきます。晋作と玄瑞は幼少のころ、ともに萩城下の寺子屋（吉松淳蔵塾）で机を並べた仲でした。そのころから秀才少年だった玄瑞は、晋作にとって最大のライバルだったのでした。

そこで松陰は、晋作を発奮《はっぷん》させるため、一計《いっけい》を案じます。わざと晋作がいる前

高杉晋作

で、玄瑞を誉めたのです。「久坂君の文章は素晴らしい」とか、「久坂君の詩は上達した」とか、やったのでしょう。これを傍《かたわ》らで見ている晋作は、内心面白くない。悔しくてならないので、ひそかに猛勉強を始めます。

やがて晋作の議論は卓越《たくえつ》したものとなり、塾生たちから一目《いちもく》も二目《にもく》も置かれる存在へと急成長を遂げます。さらには松陰も、何か物事を決める時には、晋作の意見を重視するまでになりました。

こうして晋作は、松下村塾の中で、玄瑞と並び称される存在になったのです。さらに松陰は、二人を互いに認めさせて、親友にさせてしまいます。晋作は玄瑞のことを、「当世無比《とうせむひ》」と評し、玄瑞は晋作の「識《しき》」にはとてもかなわないと、絶賛しました。ライバルであっても、敵意を抱いてしまってはよくない。

松陰は晋作に、

「天下にはもとより才ある人間は多い。しかし唯一、玄瑞は失うな」

と、釘《くぎ》を刺しているのです。

ちなみに後世の人は、晋作・玄瑞に吉田栄太郎（稔麿《としまろ》）と入江九一《くいち》を加え、松《しょう》門《もん》の「四天王」と呼びました。

ところが吉田は元治元年（一八六四）六月の京都池田屋事変で、玄瑞と入江は同年七月十九日の禁門《きんもん》の変《へん》（蛤《はまぐり》御門《ごもん》の変）で生命を散らせます。

そして晋作もまた、慶応三年（一八六七）四月十三日（命日は十四日）、下関で結核のため没しました。

四天王のうち一人も、生きて「明治」という新時代を見ることはなかったのです。

ここにもまた、松陰の教育の凄《すさ》まじいまでの成果を垣間見《かいまみ》る思いがいたします。

強烈すぎる個性

では、松陰は完全無欠の人格者だったかというと、そうではないと思います。

松陰の放つ個性は強烈過ぎて、すべての人々に理解され、受け入れられたとは思えないからです。周囲の者にとっては、はなはだ迷惑な存在だった面もあるでしょう。

「義」のためにはわき目もふらず突進する。それが松陰最大の魅力である半面、人間関係の上で、時にはとんでもない支障《ししょう》を生んでしまうのです。そのことは松陰も自覚し、苦悩していたようです。

日本大学・国学院大学の学祖である山田顕義《あきよし》は長州藩士で、萩に生まれました。のち、戊辰《ぼしん》戦争では新政府軍の参謀《さんぼう》となり、箱館五稜郭《はこだてごりょうかく》攻撃の指揮を執《と》り、明治十八年（一八八五）からは初代司法大臣をつとめます。その山田は、「市之允《いちのじょう》」と称した十代の半ば、松下村塾で松陰の教えを受けたことがありました。熱心に読書する少年だったようです。

ある年の正月、山田少年は松陰のもとを訪ね、年始の挨拶《あいさつ》をしました。ところが松陰は虫の居所《いどころ》が悪かったようで、

「この時勢に当たって年始どころではない」

と言って、ひどく山田を叱《しか》りとばします。

驚いた山田は涙ぐみ、松下村塾の賓師《ひんし》となっていた富永有隣《とみながゆうりん》のもとを訪れ、とりなしを頼んだというのです。これは富永が、後年になり語った話です。

年始の挨拶に訪れた少年を、いきなり感情に任せて怒鳴りつける松陰。日ごろは言語すこぶる丁寧《ていねい》だったとか、優しかったとか、婦人のように穏やかだったというソフトな人だったようですが、こうした激しい一面があったのも事実のようです。

のちに、幕府の開国政策に憤慨した松陰は、老中間部詮勝《まなべあきかつ》の暗殺を計画するなど、暴走を始めました。すると、周囲が見えなくなってしまう。

この時、計画に忠実に従ったすえ投獄された入江九一（杉蔵）に対して、松陰は激しい非難の言葉を浴びせかける。獄中の入江が、残された老母の行く末を案じているのが、気に入らないのです。

「杉蔵しきりに母子の情を云う。僕すこぶる不満」

「杉蔵もまた男児なれば、あまり未練は申すまじく」

などと、来島又兵衛《きじままたべえ》や桂小五郎に、手紙で訴えているのです。入江が「公」の道を歩む上で、「私」の情に惑《まど》わされるのが、不満なのです。

しかし、ここまで来ると、あまりにも自己中心的な「正義」にしか思えません。

塾生の中には、松陰の「正義」の中に、危険なものを感じた者もいたのではないでしょうか。だから、松陰の門をくぐった全員が、松陰に傾倒《けいとう》し、従ったとは思えない。波長《はちょう》が合わずに、去った者もいたことでしょう。

先の山田市之允（顕義）にしても、松陰門下だったことは確かですが、不思議なことに、松下村塾に通った形跡がほとんど残っていない。松陰との間に交わされた書簡も、一通も現存していません。

さすがに年始の挨拶で怒られたら、以後はたとえ尊敬していても近寄り難くなったとしても不思議ではない。塾生の中には山田の他にも、不自然な消え方、去り方をしている者が何人かいます。

松陰没後、「吉田松陰」の名は長州藩が尊王攘夷路線に一本化されてゆく中で、日増しに巨大になってゆきます。祭り上げ、精神的支柱にするという政治的思惑《おもわく》も絡みながら、神格化が進みます。幕府が倒され、明治になるや、松陰顕彰《けんしょう》は国家レベルで行われました。東京と萩には、「松陰神社」まで創建されます。

それに伴い、生前、少しでも教えを受けたのをいいことに、「吉田松陰」の名を利用して、自分の経歴に箔《はく》をつける不純な連中も現れました。

崇拝者たちはアバタもエクボで、ご都合《つごう》主義の松陰伝記を著します。こうした連中は、自分たちが気に入らない、あるいは不都合な松陰伝記が出てくると、過《か》剰《じょう》に反応、排除しようとします。

明治二十六年（一八九三）に初版が出た、徳富蘇峰《とくとみそほう》『吉田松陰』について有名な話がある。長州出身の政治家や軍人までが乗り出し、徳富に圧力をかけて頻《ひん》出《しゅつ》する「革命」という語を、すべて「改革」に変えさせたのです。なぜなら「革命」は、何度でも起こる可能性があるから。自分たちが権力の椅子《いす》に座ったら、第二、第三の松陰が出てきてもらっては困るのです。

一方、こうした風潮の中では、松陰のことが理解できなかったり、波長が合わなかったり、批判的に見ていた者たちの声は、かき消されてしまいます。著《いちじる》しい美化や礼讃《らいさん》が、人間松陰を知るために大いにネックになっていることは確かでしょう。人々が歴史上の人物に魅力を感じるのは、その人物が「完全無欠」の「人格者」だったからではないはずです。

意外な一面も

中国漢の匡稚圭《ちょうちけい》は、人を笑わせたりして気持ちを解きほぐしながら、詩を教えたといいます。この話を知った松陰は、師弟の付き合い方も、諧謔《かいぎゃく》や滑稽《こっけい》を楽しむ心をもって、堅苦《かたくる》しくならないよう心がけるのだと、述べています。松陰が塾生と米を臼《うす》でついたり、田畑を耕《たがや》しながら学問を講じたのも、そうした意味がこめられています。

明治以降、松陰が神格化される中で、いつしか忘れ去られたり、故意《こい》に抹殺《まっさつ》されたりした面がいくつもあるのですが、ギャグをひねり出す松陰なども、そうしたひとつではないかと思います。

いくつかの例を、史料や逸話から見てみましょう。

密航に失敗し、野山獄に投じられた松陰に、兄から熊の敷皮《しきがわ》が差し入れられたことがあります。それに対し松陰は礼状の中で、

「熊が寅のものになった」

と、述べます。

松陰の通称は「寅次郎」だったからです。あるいは同じく兄が、書籍と一緒に果物を差し入れてくれた時のこと。兄の添え状には、その数が九つとなっていました。ところが実際は十あった。

そこで松陰は返事に、こう記します。

「その実十あり、道にて子を生みにしか」

途中で果物が子供を産み、増えたようだと言うのです。

またあるいは安政五年に、松下村塾の増築工事が行われた時のこと。梯子《はしご》に上

り、壁土を塗っていた品川弥二郎が、誤って土を落っことし、それが松陰の顔面を直撃しました。

ひたすら恐縮《きょうしゅく》する弥二郎に対し松陰は、

「弥二よ、師の顔にあまり泥を塗るものではない」

と、言ったそうです。

時には議論が白熱《はくねつ》する松下村塾にあって、ギャグは欠かせなかったのでしょう。議論を戦わせ、対立が進むと、どうしても険悪《けんあく》な雰囲気が生まれることだってある。そんな時、さりげなく、邪魔《じゃま》にならぬ程度のギャグが出ると、雰囲気が和《なご》むものです。松陰にとってギャグとは、そんなガス抜きの意味もあったのではないかと、思うのです。

このように硬軟《こうなん》併《あわ》せ持つ者が、やはり一流の人物だと言えそうです。適当なところでギャグをひねる松陰もまた、塾生たちにとっては大いに魅力ある先生だったのではないでしょうか。

第六章◉

「志」はすべての源

「志」を立てる

松陰が安政二年（一八五五）一月、野山獄中で作った『士規七則《しきしちそく》』という有名な文章があります。武士の心得を七カ条に分けて簡潔に記し、従弟《いとこ》の玉木彦助（毅甫《きほ》、文之進の嫡子《ちゃくし》）の元服《げんぷく》にさいして、贈ったものです。

この七カ条のまとめの中で松陰は、

「志《こころざし》を立てて、もって万事の源《みなもと》となす」

と、述べています。

「志」とは心が目指す方向です。

行き先が決まっていない乗り物には誰も乗らないように、心の行き先が決まっていないような人間には、誰もついて来ません。

松陰は「志」を立てることが、人生におけるすべての出発点であると、つねに塾生に教えていました。

では、「志」とはどのようにして立てればよいのか。

松陰が影響を受けた陽明学で、最も大切にされたのは「良知《りょうち》」です。良知とは、天から授《さず》かったままの、心の本体です。混《ま》じり気のない、最も純粋な人間の心。人間はこの良知のまま虚飾《きょしょく》せず、隠し立てもせずに、率直《そっちょく》に行動すればいい。もし過ちがあれば、改めればいいのです。良知のままに進めば、人間というのは正しい方向に進むように出来ているのです。

これは、孟子《もうし》が主張した「性善説」が根本にあります。「性」とは、人間が生まれながらに備わっているもののこと。「性善説」を説明するため孟子は、「眼前で幼子《おさなご》が井戸に落ちそうになった時、人はどう行動するのか」という問いを立てます。

人間ならば即座に、

「なんとかしなければ」

「助けなければ」

と、思うでしょう。あれこれ考える前に、即座にそう思うはずです。これが天から授かったままの真っ白な心なのです。このような道徳的素質が、人間には先天的に備わっているものなのです。

もしもその時、「この子供を助けたら、親から幾《いく》ばくかの謝礼をもらえるかもしれない」とか、「井戸は深くて危険だから、見て見ぬふりをして逃げよう」とか、即座に思うようでは、もはや人間とは言えない。その心は良知を失い、不純なものになってしまっているのです。

私利私欲をとりあえず除いた心の本体で、一体自分がこの世で何が出来るのか、何をなすべきなのかを真剣に考える。それを行えば、「いくら儲《もう》かる」とか、「どれほど名声が得られる」とかいった計算や打算ではなく、どれだけ世に役立つかと、まず考える訓練。これが、「志」を立てるということなのです。

松陰の心には、日本という国が井戸に落ちて、悲鳴を上げているのが聞こえた。

だからこそ、「なんとかしなければ」と、救国の「志」を立てたのです。

「志」と「目標」の違い

よく混同されるのが、「志」と「目標」です。

ある学校の校長が書いた本の中に、「志（目標）を持とう！」などと書いてあるのを見て、いささか抵抗を感じたことがあります。この先生は、「志」イコール「目標」であると信じ、永年にわたり子供たちに教えてきたご様子です。

結論から言うと、「志」と「目標」は似ているようで違います。まず、手元にある簡単な辞書で「志」を引くと、

「心の向かうところ。心のめざすところ」

とあります。

一方、「目標」を引くと、

「目じるし。目的を達成するために設けた、めあて」

と、なっています。

たとえば、「将来、医者になりたい」という「目標」を持った高校生がいたとします。その高校生に、医者を「目標」とした理由を問う。すると、

「自分は子供のころから人体図鑑を見るのが好きで、医学書を読んでも、とても興味深く、時間が経《た》つのを忘れる。だから自分は、医者が向いていると思うから、大学は医学部に進んで勉強し、将来は医者になりたい。そして、病気で困っている人たちを、一人でも多く救ってあげたい」

といった答えが返ってくれば、これはちゃんと「志」を持っていることが分かります。きっと、立派な医者になることでしょう。

ところが、

「自分は大学の医学部に進むだけの成績をとっている。だから、医学部に進みた

い。医者になれば、お金が儲かるから贅沢《ぜいたく》な生活が出来るし、周囲からは『先生、先生』と呼ばれ、尊敬される。こんなにおいしい仕事はない。だから医者になりたい」

といった答えが返ってきたとすれば、問題です。これでは「目標」はあっても「志」がない。あくまで医者になりたいという「目標」は、私利私欲のためということになります。

「志」を持って医者になった者が、大病院の院長にでもなり、莫大《ばくだい》な収入を得たとしても、それは「志」を抱き続けている限り、方向を誤ることはないと思います。ところが、「志」が無い者が「目標」だけで大病院の院長にでもなり、指導者の立場に立ったとしたら、これは恐ろしい。昨今、そうした医者が引き起こす不祥事《ふしょうじ》の数々は、枚挙《まいきょ》に暇《いとま》が無いほどです。

別に医者だけを、槍玉《やりだま》に挙げる気はありません。政治家にせよ、弁護士にせよ、社会的地位が高く、また収入も高い人たちが、いかに「志」を失っているか。あるいは、最初から「志」など持っていないか。我々は毎日のように、見せつけられているではありませんか。

私利私欲を捨てて「志」を立てる、などと言うと、まず、自分の幸せを犠牲《ぎせい》にするような、そんな錯覚《さっかく》を起こすかもしれません。ところが、それは誤解です。私は小学生などに、「志」について話すことがたびたびあります。その時、子供たちに、

「自分が大好きなこと、得意なことは何ですか」

と問いかけるようにしています。すると、

「漫画を描くのが得意」

「鉄道が好き」

などといった答えが、返ってくる。

「では、君は得意な漫画を徹底的に究《きわ》めて漫画家になり、世の中の人たちを楽しませてあげたらいい」

「鉄道が好きなら、いまよりももっと速く走り、しかも安全な鉄道を発明して、人々の生活を便利にしてあげてください。これまで、そうした人たちによって鉄道は進歩を続けてきたのだと思いますよ」

といった、話をします。そして、それが「志」を立てることだとも、説明します。

自分が得意なもの、好きなもの、それを究《きわ》め、自分を世の中で最大限に活用させる。いたずらに自分を「殺し」たり、幸福を犠牲にするのではありません。得意なこと、好きなことなら、いくら頑張っても苦にならないはず。「志」とは、自分自身を十分知ることから始まり、しっかりと個性を磨くことなのです。

松洞が描く松陰肖像画

松下村塾で早くから松陰の教えを受けた一人に、松浦松洞《まつうらしょうどう》（亀太郎）がいます。

松洞は天保八年（一八三七）、松下村塾に近い松本村舟津に住む、魚屋の次男として生まれました。松陰より七つ年少です。

幼少のころから絵を描くのが得意だった松洞は、十四歳で萩城下平安古《ひあこ》に住む画家羽様西涯《はざませいがい》に入門。のちには京都に上り、四条派の小田海僊《おだかいせん》に師事《しじ》して本格的に絵師への道を進みます。そして帰郷し、松下村塾に入ったのは、安政三年十一月、二十歳のころのことでした。

絵師の卵ともいうべき松洞が松陰の門をくぐったのは、「詩画一致」の境地を学びたいと思ったからです。「詩画一致《いっち》」とは、単なる技巧《ぎこう》だけの絵ではなく、詩を作る心をもって絵を描く、「詩中に画あり、画中に詩あり」という教えです。

しかし松陰は、この方面には通じていなかった。そこで、共に学ぼうという姿勢で松洞に接し、詩については『詩経』『楚辞《そじ》』『文選《もんぜん》』などを読むよう指導します。

さらに松陰は松洞から、画を学びたいと願いました。十年余りもすれば、少しは絵画にも通じることができるのではないかとも、述べています。詩の中にある絵心、画の中にある詩的世界を、二人で共有したいと願うのです。

安政四年八月、松洞は藩内各地に「孝子《こうし》」や「義人《ぎじん》」を訪ね、その肖像画を描く旅に出ました。長州の大津郡では夫の仇《あだ》を討ち、「義婦」とか「烈婦《れっぷ》」と称《たた》えられていた登波《とわ》の肖像画を描いたとされます。

さらに松洞は九州に渡り、豊前小倉を拠点に活動を続け、のちいったん帰国。次は木原公桂の肖像画を描くため、広島に向かいます。その送別会が、松下村塾で開かれた時のこと。久坂玄瑞は松洞に、

「君はなぜ人物ばかり描くのか」

と尋ねます。

すると松洞は、こう答えました。

「奇偉英俊《きいえいしゅん》の士を描き、その事績《じせき》を百代の後まで伝えたいのだ」

花鳥風月《かちょうふうげつ》を描くのを得意としていた若き絵師は、松陰に師事するうち、得意の画業によって「奇偉英俊の士」の事績を後々までも伝え、少しでも世のために

尽くそうとの「志」を立てたのでした。

こうした松洞の成長を知った松陰は、次のように評します。

「私は松洞と交わって三年になる。はじめは画師であり、その書を好んで、歌詩を喜ぶことを知った。しかし今は隠然たる有志の士であり、国家を憂うる者である」

ただし残念なことに、このころ松洞が描いた「奇偉英俊の士」たちの肖像画は、現在、一点も確認されていません（他の松洞の作品は、いくつか伝えられていますが）。

最も良く知られる松洞の作品は、師である松陰の姿を描いたものでしょう。

安政六年五月十六日、「安政の大獄」に連座し、江戸に送られることが決まった松陰を、松洞は野山獄中に訪ねます。そして二十五日の出発までに、八枚の松陰の肖像画を描きました。

これらは現在も、京都大学附属図書館（品川家本）・山口県文書館（吉田家本）・周南市立美術博物館（岡部家本）・萩松陰神社（杉家本）・東京松陰神社（久坂家本）などに伝わっています（括弧《かっこ》内は伝来した家の名からとった通称）。

松洞が描いた松陰肖像
（萩市・松陰神社蔵）

松陰は松洞が描いてくれた肖像画に、「三分廬《りょ》を出づ、諸葛《しょかつ》（孔明）やんぬるかな」に始まる賛を加え、自分の「遺影」として知人や門人に与えました。松陰の賛の末尾には、次のように記されており、この肖像画の意義をさらに深めています。

「無窮（松洞）は私を良く知る者だ。だから単に私の外見を写生しただけではない。ましして、私みずから賛を加えるのである。諸友よ、これを大切に持っていておくれ。私がもし磔《はりつけ》になっても、この絵の中で私は生きているのだから」（現代訳）

それから江戸に送られた松陰は、同年十月二十七日、処刑されました。肖像画は「遺影」になったのです。

それから百五十年後の現在。我々が松陰の容姿をうかがい知ることが出来るのは、松洞の画業に込めた「志」のおかげだと、言わねばなりません。松陰肖像画が、われわれの胸を打つ迫力を持っているのは、こうした思いが込められた作品だからなのです。

なお、松洞は松陰没後、その「志」を継ぎ、政治運動に邁進《まいしん》しますが、文久二年（一八六二）四月十三日、京都で自決して果てました。享年二十六。長州藩が、松陰の意に反した公武合体《こうぶがったい》路線を進もうとしたことに対する、抗議の死だったと伝えられます。

松陰と仏教

松陰は仏教に対し、批判的でした。というよりも、松陰が唱えた尊王攘夷論（尊攘論）が、仏教とは相容《あいい》れぬ一面を持っていたのです。

仏教は外来宗教であり、しかも江戸時代は徳川幕府からあつい加護《かご》を受けていました。幕府は国民全員を寺院の檀徒《だんと》とし、統治していたのです。だから、天皇を頂点に団結し、外国を打ち払おうという尊攘論からすれば、仏教は「邪説《じゃせつ》」扱いでした。また、それだけ権力とべったり癒着《ゆちゃく》していたのですから、仏教そのものが、腐敗堕落《ふはいだらく》していた面もあったのです。

安政元年十二月三日、一番上の妹千代《ちよ》に、獄中から松陰が送った手紙には、「さて又、仏と申すものは信仰するに及ばぬ事なり。されど強《あなが》ちに人にさからうて仏をそしるもいらぬ事なり」

と、あります。仏教は信仰しなくてもよいし、さりとて非難する必要もないと教えているのです。

あるいは同じ手紙の中で、杉家の「家法」のひとつとして、

「仏法に惑《まど》わず」

ともあります。長州藩士児玉家に嫁《とつ》いでいた千代は、熱心な観音《かんのん》信者でした。

またあるいは安政六年四月十三日、同じく千代にあてた松陰の手紙には、江戸伝馬町の獄中で何度も読んだという経典の内容につき、次のように述べています。

「法華経第二十五の巻普門品《ふもんぼん》と申す篇《へん》に、悉《ことごと》く観音力と申す事、高大《こうだい》に陳《の》べてこれあり候《そうろう》。大意は観音を念じ候へば、縄目《なわめ》にかかり候へば忽《たちま》ちぶつぶつと縄が切

れ、人屋へ捕られ候へば忽ち錠鍵がはずれ、首の座へ直り候へば、忽ち刀がちんぢん（ズタズタ）折れるなど申してこれあり候」

本来だったら人間の信念や、それを貫こうとする努力で成し遂げられることを、観音を信仰したおかげで出来たのだと、解釈させる。松陰は「凡夫《ぼんぷ》」（つまらぬ者）には、「一心不乱」とか「不退転」とかが理解できないため、

「仮に観音様を拵《こさ》えて、人の信を起させ候教えにござ候」

などと述べます。この点、松陰は徹底した現実主義者だった。他力本願を嫌いました。その後も延々と仏教についての持論を展開し、最後には、

「仏法信仰はよい事ぢゃが、仏法に迷わぬ様に心学本《しんがくぼん》なりと折々お見候へかし」

と、諭《さと》すのです。

仏教に対しては批判的な松陰でしたが、あくまで「仏法を善とするに非《あら》ず」と前置きした上で、

「われ深く弘法・日蓮等の行為《こうい》を偉《い》とす」

とも、語っています（天野御民『松下村塾零話』）。その理由として、弘法や日蓮が、「法を弘《ひろ》めんがためには、いかなる艱難《かんなん》をも厭《いと》わず、又毫《すこし》も死生を顧《かえり》みず、その勇胆剛気《ゆうたんごうき》よく尋常人の企《くわだ》て及ぶ所に非《あら》ず。これをもってよく一宗を開き、永く後人の尊崇《そんすう》する所となれり」

と評すのです。

萩の片隅で、自らの信念を貫こうと奮闘する松陰は、唐に渡り密教を究めた弘法や、佐渡に流されても法華経を広めた日蓮といったパイオニアの苦労の数々に、大いに共感する点があったようです。運命は、自分で拓《ひら》くしかない。

「総《す》べて一業を成さんと欲する者は、この勇奮果敢《ゆうふんかかん》なかるべからず」

とも、述べているのです。

「乱民」の烙印

「志」とは、どんなに邪魔《じゃま》されても、打ちのめされても、孤立しても、それを貫かねばならないのです。そのためには、たとえ「狂《きょう》」だとの誹《そし》りを受けても構わないというのが、松陰の教えでした。

「狂」は崇高《すうこう》な境地です。

日本の変革を望み、時代の先端に立ち続けようとする者たちの言動は、必ずしもただちに周囲に理解されるとは限らない。歴史を見ていると、本当の政治の「変革」「改革」など、簡単に周囲に理解されるものではないと思います。特に、保守的な日本の国民性を考えると、なおさらです。

松陰やその門下生たちは、いまでこそ「変革」「改革」、あるいは「革命」のヒーローのように言われます。「志」を持って生きた崇高な人、「志士」として尊敬されています。「松陰先生」と呼ばずに、「松陰」と呼び捨てにしたら、怒りだすような崇拝者までいるくらいです。

では、幕末当時から長州の地元住民たちが、松陰をそれほど尊敬していたかと言えば、そうではない。多くは松陰やその塾生たちを「乱民《らんみん》」と呼び、異端者扱《いたんしゃ》いし、白眼視《はくがんし》していました（野村靖『追懐録』）。本人たちだけならまだしも、その家族までが村八分にされ、つらく、悔《くや》しい思いを嚙《か》み締《し》めたのです。

故郷の人々は松陰たちを、絶大な権力である幕府を激しく非難する危険人物、「乱民」との烙印《らくいん》を押したのでした。これが、事大主義《じだいしゅぎ》の日本社会の現実です。当然、息子が松下村塾に通うことに反対する親は多かった。

のちに塾生が栄達《えいたつ》を遂《と》げると、いままで白眼視していた者たちが、こびへつらって近寄って来たそうです。これもまた、よくある話。

高杉晋作の場合も、

「何とぞ大《たい》なる事をしてくれるな、父様の役にもかかわるから」

と心配する家族の目を盗み、松下村塾に通っていたことが、史料からうかがえます。

それでもなお、現時点では誰にも理解できないものを、真っ白な心をもって直視し、暗闇《くらやみ》の中の茨《いばら》の道を、その先に見える一条《いちじょう》の光を信じて進んでいるから「先覚者」なのです。最初から、誰からも理解され、支持される先覚者など、あろうはずがない。「改革」は、異端になることを恐れて、実現できるはずがないのです。

もっとも最近は、都合のよい時だけ「先覚者」を気取り、支持率を上げるために「改革」「変革」を連呼する政治家が多くて、困ったものです。おかげで「変革」「改革」という言葉も、ずいぶん安っぽくなりました。

人々は「先覚者」のことを、「先覚者」とは気づかずに、狂っていると見ています。本物の「先覚者」ゆえの厳しい宿命を、松陰たちは「狂」の境地に達することで、受け入れようとしました。

周囲の雑音に惑《まど》わされ、「志」を曲げないためにも、「先覚者」たちは自分は狂っているのだと、開き直る必要があったのです。他人の目を気にして、体裁《ていさい》を取り繕《つくろ》っていては、大きな「志」など、とても遂げられるものではありません。松陰の影響もあり、幕末長州藩の若者たちは、自分の行動を「狂挙」と呼んだり、号などに「狂」の文字を入れました。

高杉晋作は「東行狂生《とうぎょう》」「西海一狂生」、木戸孝允《たかよし》（桂小五郎）は「松菊狂生《しょうぎく》」などと署名した遺墨《いぼく》を見ます。あるいは慎重居士《しんちょうこじ》として知られる山県有朋《やまがたありとも》ですら、幕末には「狂介」なる通称を使っていたくらいです。

そして松下村塾にも、もちろん「志」がありました。それは過激な言動が災《わざわ》いし、再び野山獄につながれることとなった松陰が、塾生たちに残した漢詩の一節、「松下陋村《ろうそん》と雖《いえど》も、誓って神国の幹《みき》とならん」に集約されていると言っていいでしょう。松下村塾を必ず、日本の「幹」にしてみせる、というのです。やがて、ここから日本を「奮発《ふんぱつ》」させ、諸外国を「震動」させることができるかもしれないとも、松陰は書き残しています。実に壮大な考え方です。

しかし、松本村の陋屋《ろうおく》で、近所の、主に下級武士の子供たちを集めて教えているに過ぎない謹慎《きんしん》中の松陰が、こんな大きなことを言うのです。おそらく当時、近所の者たちが聞けば、松陰は狂っていると考えたのではないでしょうか。好意的に見てくれたとしても、青臭い、書生の強がった理想くらいに、思われたことでしょう。

しかし、実際はこの「志」こそが、時代を揺り動かしてゆきます。「乱民」の「志」は、現実のものとなってゆきます。

こうして見ると、「志」を立てない人生よりも、やはり立てた人生の方がいいに決まっている。特に、若い人の「志」というのは、凄《すご》い力を持っているものだと、つくづく感心させられます。

第七章◉留魂録

勅許を求めて

吉田松陰が長州萩の松下村塾で塾生の指導にあたっていたころ、江戸の幕府と京都の朝廷との間で、「開国」の条約締結《ていけつ》をめぐる紛争《ふんそう》が起ころうとしていました。

アメリカのペリーが安政元年（一八五四）三月、幕府との間に締結した日米和親条約は、「開国」への第一歩を踏み出したものではありました。が、かんじんの自由貿易については、触れていなかったのです。だから、この段階では日本は完全に「開国」したとは言えません。ただし和親条約では、調印から十八カ月後にアメリカ領事館を、伊豆下田に置くことは決められていました。

ところが、アメリカ領事館を「両国政府のどちらか一方が必要と認めた場合」設置するという意味の英文を、幕府は「両国政府において、よんどころなき儀《ぎ》これあり候《そうろう》模様により」と誤って理解していたのです。

明治の彫刻家大熊氏広作の松陰像。髪が逆立ち、荒ぶるイメージで迫力がある（世田谷区松陰神社蔵）

それは「either of two governments」の、「either of」の部分を、飛ばして訳していたのでした。つまり、アメリカが一方的に必要と考えれば、日本側の意思がどうあろうと、日本にアメリカ領事館が置けるのです。

だから安政三年、アメリカから初代駐日総領事として、タウンゼント・ハリスが下田に着任すると、幕府は驚きます。熱心なプロテスタント信者であるハリスは、日本を完全に「開国」させることが、神から自分に与えられた任務であると、かたく信じているような人。この年五十一歳のハリスは、もとは商人でしたが、東洋に対する関心が強く、自ら志願して、この役を引き受けたのでした。

ハリスはまず、下田の玉泉寺《ぎょくせんじ》をアメリカ領事館とします。続いてハリスは江戸に出て幕府と交渉がしたいと、執拗《しつよう》に望みました。そして、翌四年十月には念願だった江戸へ入り、九段坂下の蕃書調所《ばんしょしらべしょ》を宿舎とします。ちなみに、蕃書調所はペリー来航がきっかけとなり設けられた、幕府の洋学研究所でした。しかし、「洋学」という言葉は、儒学に対するものでけしからん、という漢学者の抗議を受け、蕃書調所と命名しました。「蕃」の文字は、「野蛮《やばん》」に通じます。ここでもまだ、西洋に対する偏見《へんけん》が強かったことが分かります。

江戸に乗り込んだハリスは、幕府要人に世界の情勢を聞かせ、貿易による富国強兵の必要を熱心に説きました。

「舌鋒」で日本を開国させたハリス

さらに要求が聞き入れられなければ、直接、朝廷と交渉するとの態度を示したりします。あるいは、イギリス・フランス連合軍が中国の天津《てんしん》を占領し、「天津条約」を押し付けたという情報を巧《たく》みに利用して、幕府の不安をあおります。早くアメリカと手を結んでおかなければ、獰《どう》猛なイギリスやフランスが日本に襲いかかると、脅《おど》しました。この点、ハリスは軍艦や大砲で脅した海軍軍人のペリーとは違い、「舌鋒《ぜっぽう》」で挑《いど》んできます。

すでに幕府は、世界の中で日本だけが孤立して、平和に生きてゆけるとは思っていません。アメリカとの条約締結が避けて通れぬことは、覚悟していました。

このため、安政五年二月の終わりには、条約案もほぼまとまってきます。

ところが、幕府は最終段階になって調印を渋りました。調印には「勅許《ちょっきょ》」、つまり天皇の許可が必要だと言い出したのです。それまでは、大政を委任《いにん》されている幕府が内政も外政も、すべて独断で決めてきました。

寛政三年（一七九一）の外国船取り扱いにせよ、文政八年（一八二五）の外国船打ち払い令にせよ、すべて幕府が独断で決めていたのです。天皇に対しては、事後報告すらしていない。しかし、このたびの「開国」の決断にかんしては、幕府は自信がありませんでした。それほど、幕府の権威というものが、衰《おとろ》えていたのでしょう。

そこで幕府は、天皇のお墨付《すみつ》きをもらうことで、反対意見を封じ込めようとしたのです。早い話、責任をなすりつける場所を作っておきたかったわけですが、これがとんだ藪蛇《やぶへび》になってしまいます。

勅許無しの開国

安政五年二月、幕閣の最高実力者である老中堀田正睦《ほったまさよし》（佐倉《さくら》藩主）は京都に赴《おもむ》き、孝明天皇や関白《かんぱく》九条尚忠《なおただ》ら有力公卿《くぎょう》を訪ね、金品をばらまき、勅許を得ようとします。

幕府は当初、勅許など形式的なものであり、すぐに下りると甘く考えていたようです。ところが、孝明天皇は大の外国嫌いでした。それは、世界の情勢を学び、熟慮《じゅくりょ》したすえの考えというより、生理的に外国を受け付けないのです。

以前にも述べましたが、安政元年の日米和親条約を孝明天皇が認めたのは、アメリカ船に食料や燃料を売ったり、漂流民《ひょうりゅうみん》を保護したりという、人助けのための条約だと解釈したからです。自由貿易を骨子《こっし》とした開国の条約締結など、認めるわけがありません。

それでも、幕府に好意的だった九条関白などは、勅許を与える方向で進めてゆきます。朝廷内での九条関白の発言力は、この時期絶大なものがありました。

すると今度は、三月十二日、下級公家《くげ》らを中心とする八十八人が激しく反発し、抗議のため、九条関白の屋敷に押しかけます。どさくさ紛《まぎ》れとはいえ、日ごろはおとなしい下級公家たちが、絶大な権力を誇る九条関白めがけて、

「国賊《こくぞく》！」「官賊《かんぞく》！」

などと罵声《ばせい》を浴びせかけたのですから、朝廷内でも幕末という動乱の中で、秩《ちっ》序《じょ》の崩壊《ほうかい》が起こっていたのです。

当時の公家の数は百三十七家ですから、八十八人というのは、その過半数が抗議活動に参加したことになる。

この事件はのち、「八十八人列参《れっさん》」と呼ばれます。

驚いた九条関白は方針を変え、幕府に勅許を与えませんでした。堀田老中は失意の中で、九条関白に手紙を書きます。その中で、諸外国と交際もせず、戦争もせず、独立して平和を楽しんでいる国など世界中に存在しない、日本が世界を敵にまわして戦い続けられるわけがないと、嘆《なげ》いています。

こうして、孝明天皇の鎖国攘夷《じょうい》の決意は、確たるものとして世間に示されました。

さて、幕府はどうするか。役目を果たせぬまま堀田が江戸に戻って来たのとほぼ同時に、井伊直弼《なおすけ》（彦根藩主）が「大老《たいろう》」に就任します。四月二十三日のことでした。井伊らの水面下での工作が、成功したのです。

大老とは、幕府政治の全般を統轄《とうかつ》する最高職ですが、常置《じょうち》ではありません。非常時のみに置かれる特別な職です。徳川幕府が始まってからでも、十三人を数えるだけでした。

大老となった井伊は、それまで幕府が抱えていた懸案《けんあん》を、強引に片付けてゆきます。まず、六月十九日には勅許のないまま、日米修好通商条約に調印します。イギリス・フランスが日本に押し寄せてくるという情報を巧《たく》みに利用したハリスの催促《さいそく》が、効《き》いたのです。井伊は調印を引き延ばしたかったようですが、結局はアメリカの前に屈しました。ここに、ペリーが半開きにして去った日本の「扉《とびら》」は、ハリスにより、全開されることになったのです。

次に六月二十五日、一橋慶喜《よしのぶ》を斥《しりぞ》けて、自らが推《お》す紀州藩の徳川慶福《よしとみ》（のち家《いえ》茂《もち》）を、将軍後継者にすると公表しました。

勅許無しの調印に抗議した、前の水戸藩主徳川斉昭《なりあき》や尾張藩主徳川慶勝《よしかつ》らを、謹慎を命じるなどして失脚《しっきゃく》させ、井伊の政敵であった一橋派の土佐藩主山内豊信《やまうちとよしげ》や宇和島藩主伊達宗城《だてむねなり》らを、隠居に追い込みます。あるいは川路聖謨《かわじとしあきら》・岩瀬忠震《ただなり》といった開明派官僚たちも、失脚させられます。

このように井伊大老は、独裁路線を突き進もうとしました。

開国の波

ひとたび起こった開国の波は、もう誰にも止めることが出来ません。幕府はアメリカに続き、オランダ・ロシア・イギリス・フランスとも同様の条約を結んでゆきます。これらを総称して、「安政の五カ国条約」と呼びます。

いずれも自由貿易を骨子《こっし》とし、開国を規定したものでした。

アヘン輸入を認めなかったり、外国人の居住地を制限するなど、評価できる点もありましたが、日本にとっては不利な、不平等条約だったのは確かです。

条約では関税自主権《かんぜいじしゅけん》を否定し、領事裁判権《りょうじさいばんけん》を規定する。つまり、外国から安い品物が流れ込み、日本国内の産業が混乱しても、関税による調節が難しいのです。あるいは、外国人が日本で犯罪を行っても、日本側には犯人を捕らえることも、裁《さば》くこともできない。

これらは当時、欧米列強がアジア諸国との間に締結していた不平等条約に沿った内容でした。ちなみに治外法権などは明治三十二年（一八九九）七月まで残り、その後の日本を苦しめ続けます。

しかし、いずれにせよ当時、最大の問題となったのが、勅許を得ないまま、幕府が条約を締結したことです。孝明天皇は憤慨《ふんがい》のあまり、皇位を退《しりぞ》くとまで言い出します。そして、勅許無しの条約であるという幕府に対する非難の声が、官民両方から激しく沸き起こりました。それまで政治に参加することが出来なかった在野の知識人や若者までが、「志士」と称して活動を始めます。

将軍を討て

こうした情勢を、松陰はどのように見ていたのでしょうか。

松陰は日本が開国し、貿易により豊かに発展することについては、異論がありません。しかし幕府が行ったのは、諸外国の要求に屈した、屈辱的《くつじょくてき》な弱腰外交《よわごしがいこう》であると松陰の目には映っていました。

日本という国の新しい形は、誰が決めるべきか。

それは当然、日本が決めるべきなのです。にもかかわらず、実際は外側からの圧力、つまり外圧によって日本の形が決められてゆこうとしているのです。

松陰は、主体性のない幕府にこのまま任せていては、日本は欧米列強の属国になるとの危機感を強めてゆきます。

「自分が、なんとかしなければ！」

またしても、松陰の血が騒ぎ出しました。

そして松陰は『大義を論ず』と題した意見書を書き、藩に提出します。

その中で、

「墨夷《ぼくい》（アメリカ）の謀《はかりごと》は神州（日本）の患《かん》たるとは必《ひっ》せり」

「墨使（アメリカ使節）の辞は、神州の辱《じょく》たることを決せり」

「征夷（将軍）は天下の賊《ぞく》なり。今を措《お》きて討たざれば、天下後世、これ吾《わ》れを何と謂《い》わん」

などと過激な言葉を並べて、アメリカや幕府に対して、激しく憤《いきどお》ります。

およそ一年前、黙霖《もくりん》との論争では、誤った幕府を「諌《いさ》める」のだと、松陰は主張していました。しかしここに来て、諌めて駄目《だめ》なら、「大義に準じて討滅《とうめつ》誅戮《ちゅうりく》」するとまで言い出したのです。そして、いま討たなければ、後世の者たちから自分たちは非難される、とまで言い切ったのです。

日本を守れない将軍は政権の座から退かせ、そして天皇を頂点に据《す》え、人材を集め、日本という国を再構築する。さらには外圧をはねつけ、諸外国が日本を対等な国だと認めるまでは、抵抗を貫く。その上で、主体性を取り戻した日本の側から諸外国に交易《こうえき》を求める。

これが、松陰が唱えた「尊王攘夷」でした。長州藩は、その先駆けとなるべきだと訴えます。単なる排他主義ではなく、日本を改造し、独立するための「尊王攘夷」。松陰は攘夷論者であっても、鎖国論者ではありませんでした。

この「安政の五カ国条約」の締結から、松陰の言動が、一気に過激の度を増してゆきます。

イソップ物語を読む

松陰が西洋人の本質を知ろうと、『イソップ物語』の分析に取り組んでいるのも、興味深い。紀元前六〇〇年ころに生まれ、五五〇年ころ殺されたという古代ギリシャの人イソップが創作したという寓話《ぐうわ》の数々は、前三世紀ころ散文で編集され、やがてヨーロッパ各地に伝播《でんぱ》してゆきます。日本には戦国の終わりころに入って来たとされ、文禄二年（一五九三）、天草から邦訳が刊行されました。その後も『伊會保《いそほ》物語』と題した木版本が出版されています。

松陰が安政四年十一月二十日に著した「伊娑菩喩言《ゆげん》に跋《ばっ》す」（『丁巳幽室文稿』所収）という一文によると、西洋の学問を修めた日本人たちが、みな口を揃《そろ》えて、「西洋人は仁《じん》なり、未《いま》だかつて禍心《かしん》あらざるなり」と称《たた》えることに、危機感を抱いたようです。そんな者たちが、もし『イソップ物語』を読めば、西洋人の本性を知り「茫然自失《ぼうぜんじしつ》」するだろうとも述べています。

松陰は十九世紀後半、香港で出版されたオランダ新聞の訳文『遐邇貫珍《かじかんちん》』を長崎で読んだことがありました。そして、その中に収められていた『イソップ物語』の「馬鹿同遊」を書き写したのです。「馬鹿同遊」とはこんな寓話。

草原でのんびりと馬が暮らしていると、鹿が入り込んで来て馬の草を奪った。そこで馬は、人間に援助を求める。すると人間は馬に轡《くつわ》を付け、背中に乗って鹿を捕らえて殺す。さらに、感謝して去ろうとする馬を人間は引き留め、ご馳走《ちそう》と敷くワラを与えると言って誘い、まんまと家畜にしてしまった。

人間がアメリカで、馬が日本。鹿が日本を狙うイギリスやフランス、あるいはロシアといったところでしょうか。親切に見せかけて、体《てい》よく隷属《れいぞく》させてしまう。松陰は、これが欧米列強のやり方だと、感じたようです。

後年、松陰は友人の山県《やまがた》半蔵から『イソップ物語』全七十三則を見せられ、さらにその意を強くします。たとえば松陰は、「斧頭柄《ふとうへい》を求むる」はアメリカに薪《しん》水《すい》や食料補給として下田・箱館を開市したことと似ていると、指摘します。「斧頭柄を求むる」とは、こんな寓話。斧《おの》の柄《え》を求めて森に入って来た男に、木々たちは親切心から若いトネリコの木を与えた。ところが、新しい柄を斧に取り付けた男は、今度は次々と高い木々を切り倒してゆく。古いカシの木は、最初の失敗ですべてを失ったと嘆《なげ》くが、後《あと》の祭《まつ》り……。

男がアメリカで、木々が日本。親切心など呆気《あっけ》なく踏みにじられ、そこから日本が侵食《しんしょく》されるのだと、松陰は言いたいのです。弱肉強食をモットーとし、自分の利益のためなら手段を選ばず、恩を仇《あだ》で返すのも平気といった思考の持ち主が西洋人であると、『イソップ物語』は松陰に教えたのです。だから、「西洋人は仁なり」などと考える者たちへの警鐘《けいしょう》とするため、『イソップ物語』を門下生岡部富太郎に書き写させたのでした。

ところが、幕府が瓦解《がかい》して明治の世になると、『イソップ物語』は積極的に学校教育にも採り入れられてゆきます。欧米列強と肩を並べるため近代化を急激に進めた政府は、子供たちにも合理主義を浸透《しんとう》させる格好の教材として利用したのでした。佐久間象山《しょうざん》が危険視した「西洋道徳」が、日本人の心に入り込んで来ます。松陰が「吾が師象山甚《はなは》だ活眼《かつがん》あり……伊娑菩喩言得を見候へば、一々今日の夷情《いじょう》尽せり。いかんせん。左《さ》候へば僕が一身は申すに足《た》らず候へども、神国も吾が藩も今日限りに相成り申し候」（月性《げっしょう》あて、安政五年一月十九日付書簡）といった事態が明治以降、現実にものと化してくる。

結局、松陰の警鐘《けいしょう》に耳を傾ける者が無かったのでしょう。現代の私たちも『イソップ物語』は、子供のころの懐かしい思い出と共にあるのですが、考えてみれば恐ろしいことかもしれませんね。

安政の大獄

井伊大老の暴走に歯止めをかけようと、水戸藩を中心とする反対派は、天皇の威《い》を借りて巻き返しをはかります。

水戸や薩摩藩士、在野《ざいや》の運動家たちが京都に乗り込んで周旋《しゅうせん》した結果、朝廷は安政五年八月八日、幕府と水戸藩に密勅《みっちょく》を下《くだ》しました。

これを、当時の干支《えと》からとって「戊午《ぼご》の密勅」と呼びます。

その内容は、「安政の五カ国条約」を天皇の意に逆《さか》らった「軽率《けいそつ》の取り計らい」であると非難し、徳川斉昭《なりあき》らを処分したことを責め、三家・三卿・家門・列藩による合議制で幕府を運営せよ、というものでした。

ともかく、幕府の頭を飛び越して、朝廷から一大名に勅が発せられるなど、前代未聞。しかも、朝廷が政治に口出しをしてきたのです。水戸藩はこの密勅を盾《たて》にして幕府に乗り込んで、井伊大老の動きを封じ込めた上で、改革を行おうとしました。

衝撃を受けた井伊大老は、水戸藩に圧力をかけて、密勅を諸大名に伝達することを禁じます。

それから井伊は、力任せの反撃に出ました。自らの政策に反対する者を根絶《ねだ》やしにすべく、公卿・大名から在野の学者や浪人、僧侶に至るまで、徹底した弾圧を行ったのです。

いわゆる「安政の大獄」です。

九月七日、在野の「志士」として最初に捕縛《ほばく》されたのは、梅田雲浜《うんぴん》（源次郎）という若狭《わかさ》小浜《おばま》出身の浪人学者でした。在野《ざいや》における、尊攘《そんじょう》運動の指導者です。京都で捕らえられた雲浜は、江戸に送られて投獄されます。さらに井伊は、自分の腹心《ふくしん》ともいうべき老中間部《まなべ》詮勝《あきかつ》（小鯖《おさば》藩主）を京都に送り込み、弾圧の指揮を

安政の大獄を断行した井伊直弼の銅像
（滋賀県彦根市彦根城公園）

執《と》らせます。

その結果、密勅降下にかかわった水戸藩士やその関係者などが、次々と逮捕される。その数は、百名を超えたといいます。さらに、左大臣近衛忠熙《このえただひろ》や右大臣鷹司《たかつかさ》輔熙《すけひろ》など、天皇を取り巻く公卿の高官たちにも、謹慎を命じたりしました。

これは当時、政治的発言力を強めつつあった、朝廷に対する見せしめの意味でもあったのでしょう。公卿たちは、井伊のやり方に震え上がり、口をつぐみます。

こうして井伊の政権は一応、威厳《いげん》を取り戻したかに見えました。

「正義」にのめり込む

「安政の大獄」に対する反撃として、尾張・水戸・越前・薩摩藩が連合し、井伊大老を暗殺により取り除こうとする動きが起こっており、長州藩にも協力を求めて来たとの風聞《ふうぶん》が流れます。のち、万延元年（一八六〇）三月三日の「桜田門外の変」に発展してゆく動きです。ただ、実際は、まだ四藩の連合などは出来ていないのですが、いかにもありそうな話でした。

これを真《ま》に受けた松陰は、計画にいまから長州藩が加わっても、その手柄《てがら》は四藩に奪われてしまうと危惧《きぐ》します。そうなると、長州藩は面目《めんぼく》を失《うしな》ってしまう。こうした藩意識から来る功名心《こうみょうしん》が、松陰には多少なりともありました。

そこで松陰は、長州藩が「勤王の一番槍《やり》」（玖村敏雄『吉田松陰』）となるため、松下村塾の同志と共に、安政の大獄の指揮を執る間部詮勝老中の暗殺を企《たくら》むのです。安政五年十一月六日、松陰は岡部富太郎・作間忠三郎・有吉熊次郎・佐世《させ》八十郎（前原一誠）・品川弥二郎ら十七名の塾生から、暗殺計画への賛同を得ます。さらに松陰は、「時事」に「憤慨」するあまり、黙っていられないので、間部暗殺のための武器弾薬を貸して欲しいと、藩政府に書面で依頼します。

あるいは、同志土屋矢之助（蕭海《しょうかい》）には軍資金百両の調達《ちょうたつ》を、「市井義侠《しせいぎきょう》の人」

から集めて欲しいと手紙で依頼。長州藩領に住む六十万人が「持(自)重論家」「一命を擲《なげう》つ人」「金穀器械《きんこく》を募《つの》る人」に分かれて、それぞれ尽力すべき時だ！と訴えるのです。

このあたりが良い意味でも、悪い意味でも、実に松陰らしい。暗殺計画ならば、秘密裡《ひみつり》に進めるべきでしょう。なのに、天地神明《てんちしんめい》に恥《は》じない「正義」であると信じる松陰は藩も巻き込んで、大騒ぎしながら堂々と進もうとするのです。

同じころ、須佐《すさ》(現在の萩市)に住む同志小国剛蔵《おぐにごうぞう》には、「死を畏《おそ》れぬ少年、三、四輩《はい》(人)弊塾《へいじゅく》(松下村塾)まで早々お遣《つか》わししかるべく」などと、目茶苦茶《めちゃくちゃ》な手紙を書いている。まるで出前でも頼むかのように、死を厭《いと》わない少年を三、四人寄越《よこ》してくれと「注文」しているのです。恐ろしい。精神的にまともな状態だったとは、とても思えません。

このように松陰は、自分の「正義」にのめり込むと、ひたすら猪突猛進《ちょとつもうしん》する人物だったことが分かります。ところが松陰の「正義」を貫こうとする計画は、藩の首脳部を仰天震撼《ぎょうてんしんかん》させました。松陰の理解者であるはずの、藩政府のリーダー的存在だった周布政之助《すふまさのすけ》が、特に強く反対します。そして松陰に、説得に応じなければ投獄すると迫ります。

藩にとって危険きわまりない、過激な存在と化した松陰に、自宅監禁（厳囚）の命が下りました。十一月二十九日のことです。ついに持て余した周布が、藩主に頼みこんで出した命でした。

さらに十二月五日、藩は松陰の実父杉百合之助に借牢願いを提出させて、松陰を野山獄に繋《つな》がせるよう命じます。ただ、このころ父は重い病の床にあったため、松陰は気がかりでなりません。そこへ、憤《いきどお》った吉田栄太郎・作間忠三郎・入江九一・佐世八十郎ら八人の塾生が、

「先生の罪名を教えろ」

と、夜中に周布や井上与四郎といった重臣の屋敷に押しかけます。しかし、周布も井上も面会を拒《こば》み、八人は城下を騒がせた罪により、それぞれ自宅で謹慎を

命じられてしまいました。

松陰は門下生が犠牲になったことに、大いに心を痛めます。そしてついに承諾《しょうだく》したので、十二月二十六日、松陰は再び野山獄に投ぜられました。

見送ってくれた父は、

「一時の屈《くつ》は、万世《ばんせ》の伸《しん》なり。なんぞ傷《いた》まん」

と、激励します。

松陰はといえば、

「松下陋村《ろうそん》といえども、誓って神国《しんこく》の幹《みき》とならん」

の詩を残し、獄の人となりました。

ここに、松陰の主宰する松下村塾は終わりを告げ、多難だった安政五年が暮れてゆきます。

大晦日《おおみそか》、松陰は獄中で一人、

「燈火《ともしび》の影静かなり歳《とし》の暮《くれ》」

と詠《よ》みました。

草莽崛起と日蓮

師の松陰が萩で窮地《きゅうち》に立たされていたころ、高杉晋作は江戸遊学中でした。距離が離れているぶんだけ、晋作ら江戸の門下生たちは冷静です。

そこで晋作は、江戸にいた久坂玄瑞・飯田正伯《せいはく》・尾寺新之丞《おでらしんのじょう》・中谷正亮《しょうすけ》と共に、松陰を案じ、自重《じちょう》を促《うなが》す手紙を書き送りました。安政五年十二月十一日付のこの手紙には、五人の血判《けっぱん》までが添えられていますから、その覚悟のほどがうかがえます（宮内庁書陵部に現存）。

手紙の中で晋作らは、松陰の言動を「正論」として認めます。しかし、新しい将軍を天皇が承認したのだから、行動を起こせば、かえって主君である毛利家に迷惑がかかる、時機が悪い、とも説きます。

ところが、この手紙を獄中で受けた松陰は激怒《げきど》し、「僕は忠義をなすつもり、諸友は功業《こうぎょう》をなすつもり」と、激しい口調で絶交を申し込みました。忠義は人の道に根差した、普遍的なもの。一方、功業は政治的手段に過ぎないのです。

あるいは同じころ、松陰が別の門下生に書き送った手紙には、「中谷・高杉・久坂」が「静観せよ」と言って来たと嘆き、

「皆々ぬれ手で粟《あわ》をつかむつもりか」

と、激しく罵《ののし》るのです。松陰にすれば「正義」のために、共に危険な道を歩もうとしない門下生たちが、腹立たしく思えて仕方がない。

一方、晋作は絶交を申し込まれても、獄中の師が心配でなりません。「いずれ私も天より生まれた者にござ候ゆえ、御恩は御報《むく》いつかまつる」と、松陰の兄に、二月七日付の手紙でその気持ちを伝えているほどです。

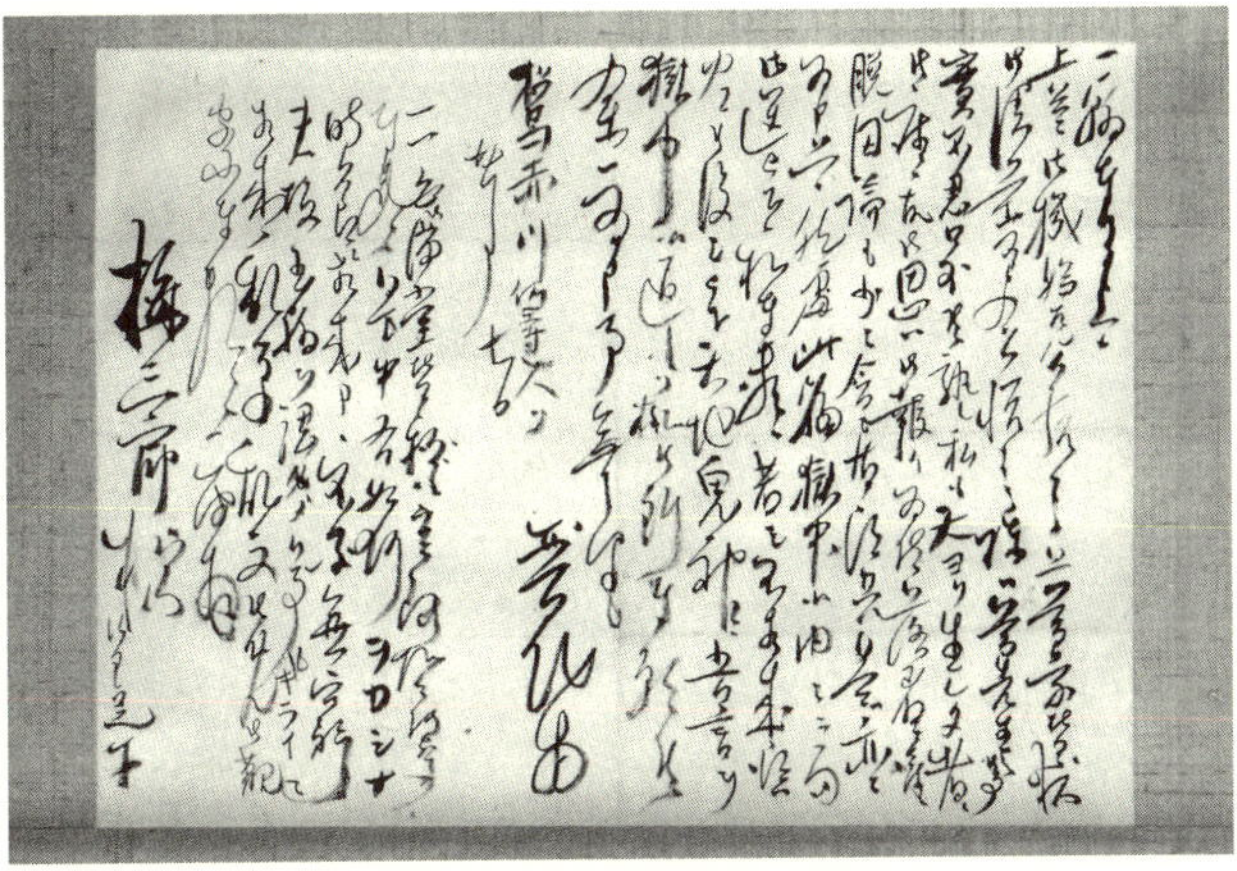

獄中の師を気遣う、松陰の兄に宛てた晋作書簡（著者蔵）

そうした心配をよそに、次に松陰は、「伏見要駕策《ふしみようがのさく》」に熱中します。来《きた》る三月、参勤交代の途上で藩主の駕籠《かご》を、松下村塾生の十人が伏見で待ち受ける。それから大原重徳《しげとみ》ら革新派の公卿を擁《よう》して藩主の駕籠を京都に進め、勅《ちょく》を手に入れ、幕府の非を突いて、改革を進めようというのです。

もちろん、実現がきわめて難しい計画であることは言うまでもありません。門下生たちの多くは動かず、結局計画は頓挫《とんざ》してしまいます。

獄中で孤立の色を深めた松陰は、藩

に絶望したあげく、「草莽崛起論《そうもうくっきろん》」を唱えました。草莽とは、官に就いても下《した》っ端《ぱ》であったり、在野などに埋もれている人材のことです（崛起＝にわかに起こり立つこと）。松陰は四月七日、北山安世《やすよ》にあてた手紙の中に、

「独立不羈《どくりつふき》三千年来の大日本、一朝人《いっちょうひと》の羈縛《きばく》を浮くること、血性《けっせい》ある者視《み》るに忍ぶべけんや。那波列翁《ナポレオン》を起してフレーヘード（自由）を唱えねば、腹悶《ふくもん》（怒り）医《いや》し難《がた》し」

と、怒りをぶちまけています。

同じ手紙で松陰は、「草莽崛起の人」にしか期待できないとも、述べています。

「草莽崛起の人」の出現を、松陰は待つつもりでした。

ところが、松陰の心境が変化します。自分自身が「草莽崛起の人」であると気づいたのです。自分こそが、時勢の波を生み出そうというのです。

そのためには生きて出獄しなければ、なりません。そして、十年後、あるいは十五年後に「草莽崛起の人」となり死んでみせると決意を固めたのでした。

「義卿（松陰）が崛起の人なり、放囚《ほうしゅう》（出獄）さへすれば義卿は一人にても遣《や》るなりと云えば粗暴に聞《きこ》ゆれど、夫《そ》れは志なり」

「何ぞ崛起人を他に求めんや」

「草莽崛起、豈《あ》に他人の力を仮《か》（借）らんや」

「恐れながら、天朝も幕府・吾が藩も入《い》らぬ、只《た》だ六尺の微躯《びく》が入用」

などと、門下生の野村和作（靖）に書き送ったのも、このころです（安政六年四月）。日本を変革するためには、権力に期待するのではなく、つまるところは身長六尺の自分だけが必要なのだとの考えに、達したのでした。

さらに同じ手紙で松陰は、こうした考えに至ったのは、日蓮の影響があったのだと次のように述べています。

「余《よ》が策《さく》の鼻（端緒《たんしょ》）を云《い》ふが、日蓮鎌倉の盛時《せいじ》に当りて能《よ》く其《そ》の道天下に弘《ひろ》む。北条時頼《ときより》、彼の髡《こん》（髪を剃《そ》られた罪人、すなわち日蓮のこと）を制すること能《あた》はず。実行刻苦尊信《こっくそんしん》すべし、爰《ここ》ぢや爰ぢや」

鎌倉幕府の威勢が盛んな時、日蓮はよくその教えを天下に広めたが、執権北条時頼は権力をもっても、日蓮を制することは出来なかった。苦労を重ねながら道を拓《ひら》いた日蓮の生き方は大いに尊敬すべきであると、草莽崛起の道を進むと決意した自分の精神的支柱にするのです。かつて「日本の柱とならん」と叫んだ日蓮と「神国の幹とならん」と誓った松陰の魂が重なり合った瞬間でした。

「ここじゃ、ここじゃ」

という、最後のつぶやくような一節からは、獄中で一条の光明を見出《みいだ》した松陰の喜びの表情が浮かんで見えるかのようです。

松陰は五月十三日付けで、ようやく心が落ち着いたと知らせる手紙を晋作に送ったりもしました。断ち切れた門下生たちとの絆《きずな》を、取り戻そうとしたようです。日夜、松陰のことが心から離れないと述べていた晋作も、どれほど喜んだことか。

しかし松陰に、十年や十五年もの時間は残されていませんでした。「安政の大獄」を進める幕府が、松陰の身柄を差し出し、江戸に送るよう長州藩に命じて来たのです。

最後の門下生

「安政の大獄」に連座した吉田松陰を乗せた駕籠《かご》が萩を発《た》ち、江戸へ向かったのは安政六年五月二十五日のことです。この日、雨が降り続く中、松陰は一族や門下生らと別れの盃《さかずき》を交わし、駕籠に乗り込みます。松陰の周囲は、間部《まなべ》老中暗殺計画が発覚したのではないかと心配しました。

松陰も覚悟を決めたようです。萩のはずれの涙松《なみだまつ》では小休止して、

「帰らじと思ひさだめし旅なれば　ひとしほぬるる涙松かな」

と詠《えい》じています。これが、故郷の風景の見納めになると思ったのでしょう。

松陰の乗る駕籠は罪人護送用ですから、錠前《じょうまえ》つき網掛《あみがけ》で、松陰には腰縄《こしなわ》が打たれています。さらに、護送役の番人が三十人ほど取り囲むという、大がかりなものでした。

しかし藩としては、恩情をもって松陰を江戸に送ったようで、食事も罪人のものではなく、護送者と同じものが与えられました。松陰はその「君恩《くんおん》」に、涙していています。

ただ、護送者の中に、松陰の門下生を加えて欲しいという希望は、聞き入れてもらえませんでした。松陰の同志であり義弟（妹寿子の夫）でもある小田村伊之助（のち楫取素彦《かとりもとひこ》）らが周旋《しゅうせん》したのですが、藩は万一不穏《ふおん》な挙《きょ》に出られた場合のことを危惧し、警戒したようです。

それでも藩はせめてもの好意として、中間《ちゅうげん》の和田小伝次と片野十郎左衛門（十郎）を、護送者の列に加えました。和田と片野は、松陰の父杉百合之助の部下です。二人とも数えの二十五歳。

松陰は罪人として護送中、筆や紙を持つことが許されていません。そこで駕籠の中から吟《ぎん》じ、それを片野が書き取りました。こうして、護送途上および江戸に着いてからの詩歌八十二首を集めた『縛吾集《ばくごしゅう》』『涙松集《るいしょうしゅう》』が生まれます。

その中には、長州藩と広島藩の藩境である小瀬川《おぜがわ》を越えるさい詠《よ》んだ、

「夢路《ゆめじ》にもかへらぬ関を打越て　今をかぎりと渡る小瀬川」

といった、歌もあります。

松陰の江戸着は、六月二十五日でした。

この、ひと月にわたる護送の旅で、片野と和田はすっかり松陰に感化されてしまいます。

松陰が処刑された後、文久三年（一八六三）六月、高杉晋作が下関で奇兵隊を結成した時のこと。片野と和田は萩から馳《は》せ参じ、これに入隊しました。

間もなく和田は、京都における政変で失脚した長州藩の失地回復を目指す挙兵に加わり、隊を脱して但馬生野《たじまいくの》（現在の兵庫県朝来市《あさご》）に走ります。しかし計画は失敗に終わり、十月十四日、同志と共に自決し果てました。享年二十九。

一方、片野は軍人としての才があったようです。

奇兵隊で頭角をあらわし、幹部（参謀）となりました。そして、四カ国連合艦

隊や長州征伐《せいばつ》軍を相手に戦い抜き、明治という新時代を迎え、陸軍に入って大佐に進みます。ところが健康を害したようで、明治六年（一八七三）十一月十四日、東京において病没しました。享年三十九。

これが、松陰の凄いところ。死出の旅路にあっても自らの志を語り、そして生きざまを見せ、護送の二人を感化して「志士」にしてしまったのです。

取り調べと至誠

江戸に到着した吉田松陰は、ひとまず長州藩の上屋敷に入りました。現在の東京都千代田区、日比谷公園あたりです。

そして安政六年七月九日、幕府の評定所《ひょうじょうしょ》に呼び出され、大目付久貝因幡守《くがいいなばのかみ》、勘定《かんじょう》奉行兼町奉行池田播磨守《はりまのかみ》、町奉行石谷《いしや》因幡守ら三名により取り調べを受けました。

小瀬川のほとりに建てられた松陰歌碑
（岩国市）

松陰にかけられていた嫌疑《けんぎ》は、二点です。

ひとつは、京都で捕らえられた梅田雲浜《うんぴん》との関係を疑われたこと。いまひとつは、御所《ごしょ》内で見つかった落とし文《ぶみ》が、松陰の筆跡ではないかという疑いです。

意外なことに間部老中暗殺計画は、幕府には知られていなかったのでした。松陰は、長州を訪れた梅田とは大した話をしなかったし、京都に行けるような立場ではない。ふたつの嫌疑は、たちまち晴れてしまいます。松陰は、かえって拍子《ひょうし》抜《ぬ》けしたようでした。それから色々と奉行から尋ねられた松陰は、

「自分は死罪に相当《そうとう》する罪を二つ犯しているが、周囲の者に迷惑がかかるから明かさぬ」

と、つい口を滑《すべ》らせてしまいます。

これを奉行が、聞き逃すわけはない。温厚な言い方で、

「大した罪にはならぬから」

と、誘い水を向けて来ます。松陰は、

（奉行もまた人心があるだろう。自分は欺《あざむ》かれてもよい）

と、考えました。

そして松陰は、大原三位下向策《さんみげこう》（大原重徳を長州に下らせ、兵を挙げるという案）と間部老中を「襲撃」する計画があったと、自白します。

これを聞いた奉行は、特に間部老中襲撃の計画に興味を示し、じっくりと追及してきました。さすがに松陰は、「まずい」と思ったようで、あくまでも間部老中をなじるつもりだったと主張します。しかし、

「おまえは間部をなじろうとしたようだが、なじって聞いてもらえない時は、刃《やいば》を加えるつもりだったのだろう」

と、奉行は厳しく問い詰めて来ました。ここで首を縦に振ってしまえば、大変なことになる。松陰は、

「聞き入れられなかった時のことなど、考えたこともありませんでした」

と、頑張りますが、後の祭り。

奉行は、松陰の誠実に国を思う気持ちを認めた上で、

「しかし、間部は大官だ。おまえはこれを殺そうとしたのだ。大胆も甚《はなは》だし、覚悟しろ。吟味《ぎんみ》中、揚屋《あがりや》（武士階級の者が入る牢《ろう》）入りを申しつける」

と申し渡します（以上のやりとりは、七月九日ころ高杉晋作あての松陰書簡による）。

こうして松陰は「公儀《こうぎ》を憚《はばか》らぬ不敬《ふけい》の者」として、伝馬町獄《てんまちょうごく》に投ぜられたのでした。伝馬町獄はかつて松陰がアメリカ密航に失敗したさいも投ぜられた、江戸最大の牢獄です。

それにしても松陰はなぜ、すすんで自白したのでしょうか。先の奉行とのやりとりも、あまりにも稚拙《ちせつ》と言えば、稚拙です。

松陰にはまず、自分の言動が「正義」なのだという絶対の自信がありました。遠路はるばる江戸まで来て、奉行の面前に座っているのだから、日ごろの自分の所信を幕府側に聞かせる好機会くらいに考えていたのでしょう。

「至誠《しせい》にして動かざる者、いまだこれ有らざるなり」

との孟子の説を信奉《しんぽう》する、純粋な松陰です。しかも松陰は、この説が真実か否《いな》かを、幕府相手に身をもって実験してみようと述べています。

以前、アメリカ密航に失敗したさい、松陰は取り調べに素直に応じたため、「至誠」をもって幕府側の心を動かしたと、実感したことがありました。その経験が、自信につながっていたのかもしれません。

しかしいまの松陰は、そうした至誠が通用しない場所に立たされていたのです。取り調べは九月五日、十月五日にも行われましたが、奉行の態度はいたって穏やかでした。

そのため松陰は、処分は死罪でも遠島《えんとう》でもなく、他家預けか、軽ければ国もとに送られて元どおり塾を主宰できるのではないかと、楽観視《らっかんし》するようになります。

ところが十月十六日の最後の審理《しんり》で、奉行の態度が一転して厳しくなりました。この間に、井伊大老の介入《かいにゅう》があったとも言われています。井伊は、参考人程度と考えていた松陰が、実はとんでもない危険分子であることに気づいたのでしょう。奉行が「流罪」とした処分原案を、井伊が「死罪」に書き改めたという話が伝わります。

この日、読み上げられた口書《くちがき》には、「公儀に対して不敬の至り」「御吟味《ごぎんみ》を受け誤り入り奉《たてまつ》り候《そうろう》」などとあり、松陰は死を覚悟せざるをえなくなりました。

死生観

松陰が江戸に送られて来たころ、高杉晋作は江戸の昌平坂学問所《しょうへいざかがくもんじょ》（昌平黌《こう》。幕府が設けた官立学校）で、学んでいました。

晋作は獄中の松陰に紙筆や書籍、牢名主《ろうなぬし》に送る賄賂《わいろ》の金銭まで、ひそかに差し入れて、懸命になって尽くします。前年、暴走する松陰に付いてゆけなかった、後ろめたさがあったのかもしれません。

この間、晋作と松陰はたびたび手紙を交わしています。晋作から出した手紙は、獄中で松陰が破棄したでしょうから、残念ながら一通も残っていない。しかし松陰が晋作に発した手紙は十五通が確認されています。

かつて、晋作は頑固《がんこ》で他人の意見に耳を傾けようとしないと、松陰は心配したことがありました。しかしこれらの手紙に記された松陰の命がけの遺訓の数々は晋作の心に鮮明に残り、その後の生き方に強い影響を及ぼしてゆくのです。

晋作は以前、松陰にこんな質問を発したことがあります。

「男児たるもの、どこで死すべきでしょうか」

獄中で松陰は、その答えを探し続けました。そして、『李氏焚書《りしふんしょ》』を読んでひとつの結論に達した松陰は、晋作に手紙を書き送ります。

松陰はまず、

「死は好むべきにもあらず、また、憎むべきにもあらず」

と教えます。さらに、このようにも言いました。

「世に身、生きて心死する者あり。身亡《ほろ》びて魂存する者あり。心、死すれば生くるも益《えき》なきなり。魂《たましい》、存《そん》すれば亡ぶも損なきなり」

肉体（身）が生きていても、志（心）が死んでいる者がいる。

肉体は滅《ほろ》んでも、志（魂）がこの世に残っている者がいる。

志が死に、肉体だけが生きていても意味がない。

志が残るのであれば、肉体は滅んでも構わない。

肉体の生死ではなく、志の有無こそが大切なのだと、松陰は説くのです。

「死して不朽《ふきゅう》の見込みがあらば、いつでも死ぬべし。生きて大業《たいぎょう》の見込みあらば、いつまでも生くべし。僕の所見《しょけん》にては、生死は度外におきて、ただ言うべきを言うのみ」

特に、最後の部分が重要です。松陰は幕府という巨大な権力に、たった一人で生死を度外視して、「言うべきを言う」のです。言えば自分自身が損をすることは、百も承知。事無かれ主義からすると、一見無謀《むぼう》な行いのようですが、実は違う。無謀に見える言動の中に、「志」があれば、それは決して無謀ではないのです。「志」を残すことしか、松陰は考えませんでした。

ほんの少しだけ、松陰が世渡り上手《じょうず》ならば、間部老中暗殺計画も幕府には知れていなかったのですから、いくらでも生き延びる道はあったはずです。もちろん、頭の中で計画を立てただけで、実行には移していないのですから、幕府も松陰を罰することなく、萩に送り返したことでしょう。

しかし、松陰が適当に言い逃れて、上手《うま》く帰国したとしても、その後、門下生たちを奮起させるのは難しかったかもしれない。

自分の志の上で、死んで見せることによって、松陰の志は永遠のものとなるのです。第二、第三の松陰が塾生の中から出現するのです。

それは理不尽《りふじん》な弾圧を受け、十字架に釘《くぎ》で打ち付けられて死んでいった、キリストにも通じるものがある。

もし、キリストが処刑されることなく、牢屋《ろうや》にでもしばらく入った末に、言い逃れをして再び出て来て同じ教えを説いたとします。しかし、その言葉はどれほど、信者たちの心に響いたでしょうか。信仰は二千年近くも、幾度の苦難や弾圧に屈せず、受け継がれたでしょうか。キリストが人々の心に残り永遠になった理由は、なによりもキリスト自身の凄絶《せいぜつ》な最期があったからです。損得や生死をも度外視して純粋な志を貫こうとする者に対する弾圧が、苛酷《かこく》であればあるほど、残された者たちは、その志を継ごうと必死になる。

「今度は、自分がなんとかしなければ！」

と、なるわけです。

人間の心とは、そのように出来ていると信じたい。

だからこそ、理屈では開くはずのない歴史の重たい扉が、開くことだってあるのです。

『留魂録』に込めた思い

近々処刑が実行されると察した松陰は、安政六年十月二十五日から『留魂録《りゅうこんろく》』と題した塾生あての遺書の執筆に取りかかります。書き終えたのは、翌日の夕方でした。

それは、半紙を四つ折りにした十九面に、細字でびっしりと記されています（萩市松陰神社に現存）。巻頭には、

「身はたとひ武蔵《むさし》の野辺《のべ》に朽《くち》ぬとも、留《とど》め置《おか》まし大和魂《やまとだましい》」

との辞世《じせい》を記します。肉体はたとえ関東の地で滅んでも、変革の志（大和魂）はこの世に残してやる！　との、凄《すさ》まじい決意です。

次に松陰は、自分が試みた「至誠」の実験が、失敗に終わったと述べます。その原因は、なによりも自身の「徳」が菲薄《ひはく》だったとし、誰を怨《うら》むものでも、咎《とが》めるものでもないとした上で、幕府の取り調べについていろいろと知らせます。

そして門下生たちに、自分の志を継いで欲しいと、切《せつ》に願います。

松陰は人間の一生を、四季にたとえています。そうすることで、三十歳で生命を絶たれてしまう自分の運命を、ともかく受け入れようとしたのでしょう。

大自然には四季がある。春は種を蒔《ま》き、夏は苗《なえ》にし、秋に刈り入れて、冬に貯蔵します。秋冬は歳功《さいこう》（収穫）が成就《じょうじゅ》する時であり、誰がこの歳功が終わるのを

悲しむ者がいるでしょうか、とも述べています。

十歳で死ぬ者にも、二十歳や三十歳で死ぬ者にも、あるいは五十歳、百歳で死ぬ者にも、それぞれの中に四季があって完結している。そのように説明した後、松陰は次のように塾生に自分の志を継いでくれるよう訴えるのです。

「私は三十歳、四季はすでに備わっており、また花咲き実《み》は結んでいる。それが実のよく熟《じゅく》していないもみがらなのか成熟した米粒なのかは、私の知るところではない。もし同志のなかでこの私の心あるところを憐《あわれ》んで、私の心を受け継いでくれる人があれば、それはまた種子が絶えないで、穀物《こくもつ》が年から年へと実っていくのと変りないこととなろう。同志の人びとよ、どうかこのことをよく考えてほしい」（中央公論版『日本の名著・吉田松陰』所収の現代訳）

最後に松陰は和歌を五首記しますが、なかでも注目すべきは、

「七たびも生きかえりつゝ夷《えびす》をぞ、攘《はら》わんこゝろ吾《われ》忘れめや」

でしょう。

これは、松陰が敬慕《けいぼ》してやまなかった楠《くすの》木《き》正成《まさしげ》が遺《のこ》した「七生滅賊《しちしょうめつぞく》」の精神に倣《なら》ったものであるのは言うまでもありません。自分もまた、七回生まれかわってでも日本に迫る外圧を撥《は》ねつけると誓うのです。

松陰が、伝馬町獄の処刑場において斬首《ざんしゅ》に処《しょ》されたのは、『留魂録』を書き上

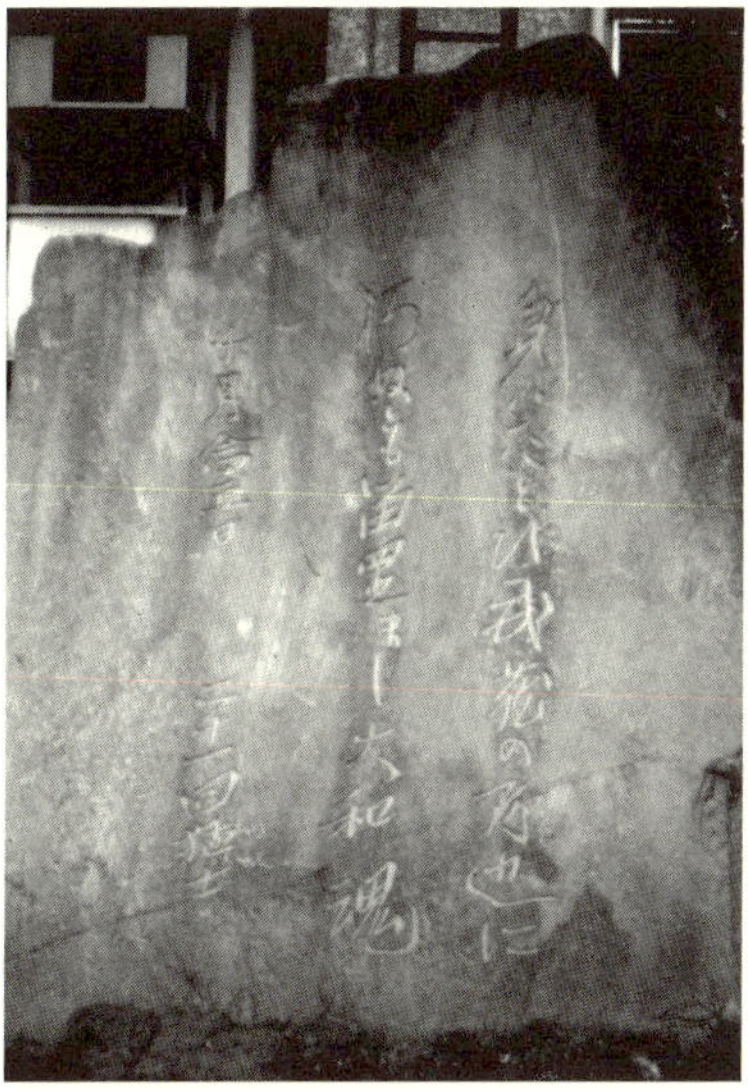

伝馬町獄跡に建てられた松陰の辞世
「身はたとひ……」を刻む碑
（東京都・中央区）

げた翌日の十月二十七日正午近く（午前十時ころとも）でした。

悠々として刑場に歩いて来た松陰は、役人たちにお辞儀《じぎ》をして、

「ご苦労さま」

と声をかけ、正座したといいます（松村介石所説）。

首をはねた山田浅右衛門《あさえもん》こと「首斬《き》り浅右衛門」は、

「この、十月二十七日に斬った武士の最後が、最も堂々として美事《みごと》であった」

と、語り残しました（玖村敏雄『吉田松陰』）。

両親への思い

死は免《まぬが》れぬと悟《さと》った松陰は、萩にいる杉家の父と兄、そして玉木文之進と三人連名あての手紙を書きます。いわゆる「永訣《えいけつ》の書」です。

ここでも松陰はまず、自分の平生《へいぜい》の学問が浅薄《せんぱく》だったので、至誠で天地を感格《かんかく》することが出来なかった、そのために非常の変に立ち至ったと述べています。

さらに、次の辞世を書きます。

「親思ふこゝろにまさる親こゝろ　けふ《きょう》の音《おと》づれ何ときくらん」

自分が親を愛する以上に、親は自分を愛してくれる。今日、自分が処刑されたという知らせを、どんな気持ちで聞くのだろうか。

なんとも言えない、悲痛な歌です。

松陰の親は、不思議と言えば不思議な親でした。何度も縄を付けられて帰って来る息子を、決して咎《とが》めたりはしなかった。いつも温かく、家に迎え入れた。それは息子である松陰が、信念をもって行動したから正しいのだと、信じていたからです。

学費をとらない松下村塾が運営できたのも、家族の全面的な協力があればこそです。だからこそ、足軽や中間《ちゅうげん》といった貧しい下級武士の子供たちが通《かよ》って来れたのです。

では、松陰の実家杉家は経済的に豊かだったのかと言えば、そうではない。借家住まいの、半分は農業で生計を立てている、半士半農で暮らしていた貧しい武士の一家です。そんな暮らしの中からも、松陰の活動を一生懸命になって支えてくれていたのです。

死に直面した松陰が残したこの歌は、彼の人間性を十分伝えています。いくら、優《すぐ》れた人物でも、こうした人間性に欠けていれば人は付いてこないでしょう。

松陰が処刑された日、松陰の母タキは息子のこんな姿を夢に見たと、病床にあった夫に語っています。

「今妙な夢を見たり、寅次郎（松陰）がいとよき形色、九州を旅して帰りし際よりも元気よき姿にて帰り来れり。あら嬉《うれ》しや、珍しやと声をかけんとしたるに、忽然《こつぜん》として寅次郎の影は消ゆると共に醒《さ》むれば夢なりし」

これに対し、夫の百合之助も、自分の見た不思議な夢について話します。

「余《よ》もまた夢より醒めたるなり。余は何の故《ゆえ》かを知らざるも、わが首を切り落とされたるに誠《まこと》に心地《ここち》よかりき。首を切らるるとは斯《か》くも愉快《ゆかい》なるものかと思い感じたり」

二人はまだ、息子が非業《ひごう》の死を遂げたことを知りません。これらは松陰の妹千代が、後年語り残した話なので信憑《しんぴょう》性があります。

やがて、松陰が処刑されたとの知らせが、江戸から萩に届きます。もちろん家族の悲しみは大きかったのですが、父百合之助は『留魂録』を読むと微笑すら浮かべてこう言いました（玖村敏雄『吉田松陰』）。

「あゝ、児《じ》（松陰）、一死君国に報《むく》いたり。真にその平生《へいぜい》（日ごろの言動）に負《そむ》かず」

志を継ぐ者たち

こうして吉田松陰は、伝馬町獄の刑場で三十歳の生涯を終えました。

悲嘆《ひたん》に暮れる在江戸の門下生たちは、賄賂《わいろ》を使い、幕府役人から師の遺骸《いがい》を取り戻します。そして遺骸は、安政六年十月二十九日、桂小五郎・伊藤俊輔（博文）・尾寺新之丞・飯田正伯《しょうはく》の手により、小塚原回向院《えこういん》（現在の東京都荒川区）に埋葬《まいそう》されました。

ただし「重罪人」ですから、首と胴をつなぐことすら、許されません。しかも放火犯や殺人犯と同じ場所にしか埋葬が許されないという、屈辱的《くつじょくてき》なものでした。

没後百カ日の万延元年二月七日になり、松陰の遺髪《いはつ》を埋めた墓が、故郷である萩の松本村団子岩《だんごいわ》に建てられました。

現存するこの墓碑《ぼひ》は、自然石で正面に、

「松陰二十一回猛士墓」

と刻まれています。

建立に尽力したのは、松陰の実家杉家と門下生たちでした。

注目すべきは、墓前の花立てや石灯籠《いしどうろう》、水差しにびっしりと刻まれた、次のよ

団子岩に建てられた松陰墓碑
（萩市）

うな門下生たちの氏名でしょう。

「久保久清（清太郎・松太郎・断三）・岡部利済（富太郎）・増野乾（徳民）・佐世一誠（前原一誠）・福原利実・品川日孜（弥二郎）・久坂誠（玄瑞）・松浦無窮（亀太郎・松洞）・伊藤知卿（伝之輔）・入江致（九一）・野村旨緩（靖）・中谷実之（正亮）・高杉春風（晋作）・有吉良朋（熊次郎）・天野一貫（渡辺蒿蔵）・作間昌昭（寺島忠三郎）・時山済（直八）」

当時、松陰は幕府という絶大な権力に逆《さか》らい、斬首《ざんしゅ》された「大罪人」「国賊」です。

決まりにより、父杉百合之助と兄杉梅太郎は、免官、謹慎に処されました。

あるいは、藩の重臣は日記の中で、松陰を早くから周囲が軽率に褒《ほ》めちぎったから、このようになったのだと、非難しているくらいです。藩内には、松陰に対する同情の念は薄かったのでしょう。馬鹿なことをしでかした書生程度にしか見られていなかったのかもしれません。なにしろ、「乱民」と呼び、冷たく当たっ

松陰を祭神とする松陰神社（東京都・世田谷区）

た地元の人々ですから。

そうした逆風が吹く中でも、松陰との関係を墓の周囲に名を刻むことで、堂々と世間に示した門下生たちの勇気は、特筆《とくひつ》に値《あたい》すると言えましょう。

これが、松陰の「志」を継ごうとする門下生たちの、決意表明だったことは言うまでもありません。捕らえるなら捕らえてみよと開き直り、歴史の重い扉《とびら》を開けるための戦いに挑《いど》もうとする声が聞こえて来る気がします。

松陰の人生だけを見ると、失敗の連続です。兵学者として大成したわけでもなく、アメリカにも行けなかった。変革のための数々の行動も不発に終わっていいます。しかし、松陰が単なる「失敗の人」として歴史の中に埋没しなかったのは、門下生たちを育てたからです。志は門下生に受け継がれ、その中から新しい日本を築く者たちが出現したからです。

その後、政治力に長《た》けた久坂玄瑞は藩を動かし、朝廷に働きかけるなどして、幕府から松陰らの大赦令《たいしゃれい》を引き出すことに成功。こうして罪名が消された松陰の遺骸は文久三年（一八六三）一月五日、高杉晋作らによって小塚原から掘り出され、毛利家の所有地であった若林（現在の東京都世田谷区）に改葬されました。この地には明治十五年（一八八二）十一月になり関係者の手により松陰神社が創建《そうけん》され、現在に至ります。境内《けいだい》には「吉田寅次郎藤原矩方《のりかた》墓」と刻む、質素《しっそ》な墓碑も在り、参る者がいまなお絶えません。

日本が「明治」と改元したのは、松陰の死からおよそ九年後のことでした。

おわりに

平成十七年一月にベスト新書の一冊として出版された拙著《せっちょ》『松陰と晋作の志』は、大変幸福な読まれ方をした本だと思っています。ある司法書士の方は、本書を何冊も自費で購入し、知人友人に配ってくれたと聞きました。またある政治家の方は、自分のパソコンで打ち直して熟読しておられるとのこと。こうした熱心な読者を得たことは、著者冥利《みょうり》に尽きるというものです。感謝の気持ちで、一杯です。

そうした読者の一人である第三文明社の編集者さんが、松陰について談話調で一冊書いて欲しいと依頼して来られたのは、確か今年の春でした。嬉《うれ》しいことだと、引き受けましたが、いざ、執筆にとりかかってみると、どうもうまく進みません。前著と重ならないようにと気負っていたのが、その原因です。

しかし、同じ「松陰」という人物を書くのだから、同じで当たり前。前著よりもさらに描きこめばいいのではないかと、ある意味で開き直ったところから、気分が楽になりました。

こうして半年以上が過ぎ、当初の約束の締め切りをとっくに過ぎてしまいましたが、なんとかゴールが見えてきました。あとは生まれて来る本が、一人でも多くの読者の手元に届くのを祈るのみです。

松陰の生涯を書いていて思うのは、日本という国は明治維新以降、どこかで進路を誤ったのではないかということです。何度も言うようですが、「勝つからやる、負けるからやらない」「儲《もう》かるからやる、儲らないからやらない」といった合理主義に完全に毒されてしまったことは、果たしてよかったのか。こうした便利な合理主義は、事なかれ主義、事大主義の日本村という村社会の住民たちにとっては、ある意味で順応しやすかったのかもしれません。しかし、歴史を紐解《ひもと》いてゆくと、そこに「志」があるから断固やる！ といった選択肢《せんたくし》をとる異端者《いたんしゃ》が、必ずどこかにいたことが分かり、救われた気分になります。

合理主義をはき違え、ずるい人間、卑怯《ひきょう》な人間がまかり通り、声の大きな者が勝つ。そんな中で、自分の利益や保身しか考えない有象無象《うぞうむぞう》が、上手に立ち回ろうとした結果が、いまの日本の荒廃した姿ではないでしょうか。

おかしいことを「おかしい」と言わない、言えないのは日本村社会の「常識」。しかし、そんな中にあっても、「おかしい！」と叫び続けた非合理的な異端者松陰のような生き方が、「無謀だ」「子供だ」と馬鹿にされることなく、語り継がれて欲しいものです。合理主義であろうが、なかろうが、人間という生き物は奮闘する者に対し、心のどこかで自然と敬意を抱くものだと信じたい。

松陰没後百五十年という記念すべき年に、本書を世に送れることは、これもまた幸福なことだと思っています。ご尽力くださった方々に、深甚《しんじん》なる感謝の意を捧《ささ》げ、筆を措《お》きたいと思います。ありがとうございました。

平成二十年師走

一坂太郎

◉巻末資料

松下村塾生列伝

——志を受け継いだ弟子たち

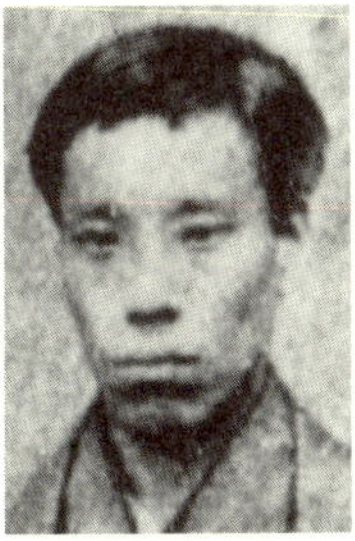

高杉晋作

（1839−67）

長州藩士の子として萩城下に生まれる。少年のころから明倫館で学び、安政元年、江戸に赴き黒船騒動を体験する。安政四年から松下村塾に通い、久坂玄瑞と並び「竜虎」と称せられる。文久二年、上海に渡航し、欧米列強の脅威を痛感。翌三年六月、藩主から下関防御を任され、庶民の入隊も許した奇兵隊を結成した。奥番頭に抜擢されるも、元治元年、脱藩の罪により野山獄に投ぜられる。のち四カ国連合艦隊との講和に奔走した。同年十二月、下関で藩政府打倒を掲げて挙兵し、内戦のすえ政権を奪取し、藩論を「武備恭順」で統一する。慶応二年、第二次幕長戦争で戦いの指揮を執るが、結核が悪化して慶応三年四月十三日、下関で病没した。二十九歳。

（『報国者絵入伝記』）

久坂玄瑞

（1840−64）

長州藩士（医者）の子として、萩城下に生まれる。十四歳で母を、十五歳で兄と父を失う。十七歳で九州に遊歴後、吉田松陰に師事し、高杉晋作とともに「竜虎」と称せられる。妻は松陰の末妹文。江戸や京都を往復し、薩摩・土佐・水戸の同志と交流して松陰の遺志である尊王攘夷のため周旋。文久元年、長州藩が開国を肯定した公武合体に傾くや、同志とともに激しい反対運動を行い、翌二年、藩論を攘夷に転換させた。その後も晋作らと品川御殿山の英国公使館を焼き討ちするなど、攘夷の急先鋒として活躍し、朝廷の権威を楯に幕府を追い詰めるが、文久三年八月十八日の政変で失脚。元治元年七月十九日、禁門の変を起こすが敗れ、自決した。二十五歳。

（『近世遺勲高名像伝』）

入江九一
（1837−64）

長州藩下級武士の子として、萩城下に生まれる。杉蔵とも。安政五年、わずか数日ではあるが松下村塾に学び、松陰から「学力等は指たる事はござなく候えども誠に才智これあり、忠義の志厚く感心のもの」と評される。獄中の松陰から指示を受け、弟野村和作（靖）と共に大原三位西下策、伏見要駕策などに奔走するが果たせず、岩倉獄に投ぜられた。晩年の松陰に、最後まで従った塾生である。のち釈放され、文久三年一月には従来の志を賞せられて士分に昇格。同年六月に高杉晋作が下関で奇兵隊を結成したさい、これを補佐した。元治元年七月十九日、禁門の変で久坂に後事を託され、脱出しようとしたが戦死した。二十八歳。

（『義烈回天百首』）

吉田稔麿
（1841−64）

長州藩下級武士の子として萩に生まれる。栄太郎とも。安政三年秋から松下村塾に熱心に通う。松陰からは「才気鋭敏にして善く大事を論ずれども、しかも学を修むることはすなわち懶《おこた》る」と苦言を呈されたこともある。松陰再投獄のさい藩に抗議して自宅厳囚となり、家族の反対もあって松陰との交流を断つ。のち釈放され、万延元年に兵庫出張の途中で脱藩し、江戸に赴き松里勇と変名して幕臣妻木多宮の使用人となる。大胆にも幕府内で尊王攘夷を説こうとするが果たせず、文久二年に帰藩し許された。文久三年、士分に昇格して屠勇取立方となるが、元治元年六月五日、京都池田屋で同志と密会中、新選組に襲われ闘死。二十四歳。

寺島忠三郎
（1843−64）

長州藩士の子として周防熊毛郡原村に生まれる。萩に出て明倫館や松下村塾に学び、松陰から「すこぶる沈毅の質あり」と評された。松陰が江戸に送られるさいは、その駕籠を熊毛郡呼坂村まで見送る。当時は作間姓を名乗っていた。文久二年三月に京都に上り、久坂らと共に諸藩士の間を往来して尊王攘夷運動を推進。六月には公武合体策を進める長州藩士長井雅楽の暗殺を企んだため、罪を受けた。藩論が攘夷に一転後は、上洛した将軍家茂に攘夷期限の決定を迫るための運動に加わるが、文久三年八月十八日の政変で失脚。その後も京都に潜伏して失地回復を目指すが、元治元年七月十九日、禁門の変で敗れ、久坂と刺し違えて自決した。二十二歳。

生誕地（萩市）

松浦松洞

（1837−62）

萩松本村に住む魚商の子として生まれた。通称は亀太郎。幼少から画を好み、城下の羽様西涯や京都の小田海僊に師事する。長州藩重臣根来家の家臣となり、安政三年三月ころから松下村塾で松陰の指導を受けるようになった。「詩画一致」の境地を探るため文学を学ぼうとしたが、この分野に疎かった松陰は共に学ぼうとの姿勢で接した。長州大津に義婦とされた登波を訪ね、その肖像を描いた後、九州に渡り各地で名士の肖像を描く。花鳥風月ではなく「奇傑英俊の士」を描くのが自分の任であると考えていたという。そして松陰が江戸に送られる直前、その肖像を描く。尊王攘夷運動に奔走したが、文久二年四月十三日、京都で世を憂えて自決した。二十六歳。

赤禰武人

（1828−66）

周防玖珂郡柱島の島医者の子として生まれる。十五歳の嘉永五年から海防僧月性に師事。月性の勧めにより、萩に出て松下村塾で吉田松陰に学んだ。十九歳の時、長州藩重臣浦家の家臣赤禰家に養子に入ったが、松陰は養子の地位に武人が安住することに批判的だった。さらに京都に上り、梅田雲浜に学ぶ。文久二年十二月には晋作らと英国公使館焼き討ちに参加。翌三年には奇兵隊に入り、十月からは三代目の総督となる。元治元年八月、連合艦隊下関襲来のさいも奮闘したが、同年十二月、藩政府打倒を目指す高杉晋作に反対。慶応二年一月二十五日、幕府内応の嫌疑により一度の審判も受けぬまま山口で斬首に処された。現在では冤罪との見方が強い。二十九歳。

時山直八

（1838−68）

長州藩下級武士の子として、萩に生まれた。安政五年ころから松陰に師事し、松下村塾に泊まり込むなどして熱心に学ぶ。松陰から「中々の奇男子なり、愛すべし」と評されたが、松陰が野山獄に再投獄されると疎遠になった。安政六年、江戸へ出て藤森弘庵や安井息軒に師事。文久元年、長州藩が公武合体路線を進めると、多くの塾生が反対を唱えたにもかかわらず、直八は賛同した。元治元年七月、禁門の変で敗走して帰国した後、奇兵隊に参加して下関に襲来した連合艦隊と戦う。のち参謀となり、慶応二年には第二次幕長戦争（小倉口）で奮闘。戊辰戦争では新政府軍を率い北越各地を転戦するも明治元年五月十三日、越後朝日山で戦死した。三十一歳。

前原一誠

（1834−76）

長州藩士の子として、萩城下に生まれる。前名は佐世八十郎。安政四年十月から吉田松陰に師事した。松陰は「勇あり、智あり、誠実人に過ぐ」とその人柄を評している。松陰の間部暗殺計画にも加盟し、尊攘運動に奔走。元治元年十二月、高杉晋作が藩政府打倒を目指して決起した時は、馳せ参じた。明治元年の戊辰戦争では北越に出征し、その功により永世禄六百石を受ける。越後府判事として民政に力を注ごうとしたが政府に危惧され、明治二年、東京に呼ばれて参議、兵部大輔となる。しかし木戸孝允ら主流派と対立し、三年九月に下野し帰郷。萩の不平士族の頭領となり九年七月に「萩の乱」を起こすも敗れ十二月三日、萩で処刑された。四十三歳。

伊藤博文

（1841−1909）

周防国熊毛郡の農家に生まれ、少年のころ萩の下級武士伊藤家の養子となる。松下村塾で松陰に師事。文久三年にはロンドンに秘密留学した。元治元年に帰国後は尊攘運動に奔走。明治元年、外国人事務局判事として新政府に入り、初代兵庫県知事となる。四年、岩倉遣欧使節団の副使として欧米を巡歴。十一年、大久保利通没後は内務卿を兼ねて地歩を固め、十四年の政変で大隈重信を追放し、政府の実権を握る。十八年、初代内閣総理大臣となり、さらに憲法起草に尽力。計四回組閣し、三十三年には立憲政友会を結成して総裁となった。初代韓国統監となり日韓併合の基礎を作るが、四十二年十月二十六日、ハルビン駅で韓国人に射殺された。六十九歳。

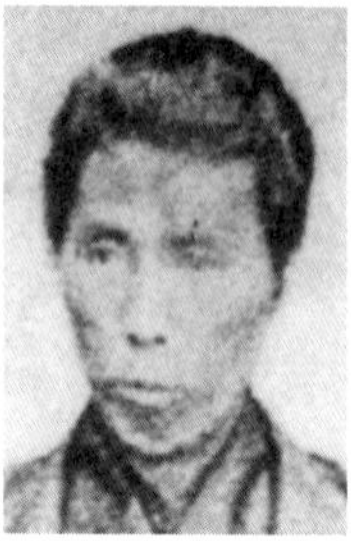

山県有朋

（1838−1922）

長州藩下級武士の子として萩に生まれる。幕末のころは小助、狂介と称した。安政五年、京都に派遣されたさい久坂玄瑞と知り合い、その影響で再投獄直前の吉田松陰に入門。文久三年、奇兵隊に入って頭角を現して軍監となり、四カ国連合艦隊下関砲撃などで戦う。明治元年の戊辰戦争では政府軍参謀として北越・会津を転戦。兵制をフランス式に統一したり、徴兵令を施行するなど陸軍建設に尽力し、陸軍卿、参謀本部長など要職を歴任。陸軍大将、元帥となる。二十二年に第一次、三十一年に第二次内閣を組閣。日清戦争では第一軍司令、日露戦争では参謀総長を務めた。伊藤博文没後は政界・軍部双方に絶大な権力を持ち、大正十一年二月一日没。八十五歳。

山田顕義
（1844－92）

長州藩士の子として萩に生まれる。通称は市之允。松陰に師事し、明倫館にも学ぶ。尊攘運動に奔走し、同志と共に御楯隊を結成した。戊辰戦争では政府軍参謀として各地を転戦し、旧幕軍が籠もる箱館五稜郭を陥落させる。これらの功により永世禄六百石を受けた。明治四年、岩倉遣欧使節団に理事官として加わり各国を視察し、六年帰国。十年の西南戦争では別隊を率いて鎮圧に功あり、陸軍中将に進む。十六年に司法卿、十八年に司法大臣となり、法典編纂に尽力。だが心血を注いだ民法と商法が、施行延期となり二十四年六月、病のため辞職。国学院・日本法律学校（日本大学）設立にも尽力した。翌二十五年十一月十一日、兵庫県生野銀山視察中に没。四十九歳。

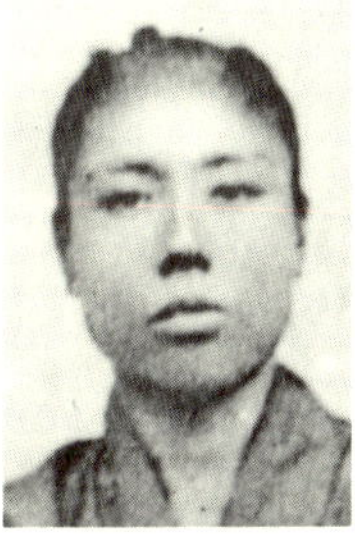

野村靖
（1842－1909）

長州藩下級武士の子として萩に生まれる。通称は和作。入江九一は兄。松陰に師事し、大原重徳西下計画や伏見要駕策に尽力するが、捕らえられ、兄と共に岩倉獄に投ぜられた。万延元年に出獄すると母マチは「お前たちは良い学問をした。いつまでもこの苦難を忘れぬよう」と諭したという。長州に都落ちした七卿の御用掛を務めるなど、尊攘運動に奔走。明治四年、岩倉遣欧使節団に加わり、海外を視察して六年に帰国すると、外務省に出仕し、九年には江華島事件で朝鮮に出張した。以後、神奈川県令など要職を歴任。二十七年に第二次伊藤内閣の内務大臣、二十九年に松方正義内閣の逓信大臣などを務める。明治四十二年一月二十四日没。六十八歳。

品川弥二郎
（1834－1900）

長州藩下級武士の子として萩に生まれた。安政四年、松下村塾の松陰に入門。松陰からは特に可愛がられ、「弥二の才得易すからず」と評される。尊攘運動に奔走し、同志と御楯隊を結成した。明治元年の戊辰戦争のさいは「都風流トコトンヤレ節」を作詞したと伝えられる。三年、洋行しプロセインの農政・協同組合を研究して九年帰国。十四年、初代農商務省大輔となり大日本農会などの産業団体を結成、共同運輸会社の設立にかかわる。二十六年に第一次松方内閣の内務大臣となるも、翌年の総選挙で民党抑圧の大干渉を行い非難され、辞任。松陰の志を継ぎ、京都に尊攘堂を建て、先顕の遺墨を集め顕彰した。明治三十三年二月二十六日没。五十六歳。

◉巻末資料

吉田松陰略年譜

和暦	西暦	年齢	主な出来事
天保元年	一八三〇	一	八月四日、長門国萩城下松本村団子岩に生まれる
五年	一八三四	五	叔父・吉田大助の養子に迎えられる
六年	一八三五	六	吉田大助没。吉田家を嗣ぐ
十年	一八三九	十	初めて明倫館に出仕し、兵学を講義 五月　蛮社の獄
十一年	一八四〇	十一	藩主・毛利慶親に『武教全集』を進講する 阿片戦争
嘉永元年	一八四八	十九	後見人を解かれ、独立の師範となる 外国船がしきりに渡来
二年	一八四九	二十	フランス二月革命 御手当御内用掛を命ぜられる 藩命により藩内各地の海岸を巡視 門人・益田弾正らを率いて城東羽賀台で演習を行う
三年	一八五〇	二十一	兵学研究のため九州各地を遊歴、平戸に五〇日ばかり滞在して葉山佐内らに師事
四年	一八五一	二十二	藩主の参勤の列に加わって江戸へ遊学。佐久間象山、安積艮斎らに師事し、宮部鼎蔵ら諸国の青年らと交わって影響を与え合う 過書手形を持たぬまま、宮部鼎蔵・江幡五郎と東北遊歴の途につく
五年	一八五二	二十三	亡命の罪により士籍、世禄を剥奪され、実父・杉百合之助の育となる
六年	一八五三	二十四	藩より十年間の諸国遊学の許可を受けて萩を出立、江戸へ出る。ペリー来航のことを聞き、ただちに浦賀に駆けつけ黒船を観察する。『将及私言』などの上書を藩主に提出し、藩の重臣から非難される。 佐久間象山の示唆を受け、ロシア艦に乗り込むため長崎に赴くが、プチャーチン一行と行き違いになり失敗する。
安政元年	一八五四	二十五	門弟・金子重之助とともにアメリカ密航を決意。下田港に碇泊中のアメリカ艦への乗船を試みるが失敗。自首して江戸伝馬町牢へ下る。

			幕府の断罪が下り自藩幽閉となり、帰萩して野山獄に投ぜられる この密航事件に連座して、佐久間象山も逮捕される 一月　ペリー再来日 三月　日米和親条約締結される
二年	一八五五	二十六	野山獄中で同囚の者たちに「孟子」の講義を始める。出獄して杉家で幽閉の身となる
三年	一八五六	二十七	勤王僧・黙霖と手紙による論争のすえ、倒幕論に傾く。松下村塾を主宰し子弟の教育を始める。 『講孟余話』を著す
四年	一八五七	二十八	塾生が増えたので、杉家の宅地内の小舎を修理して、ここで講義する。 久坂玄瑞・高杉晋作が門弟に入る 妹・文を久坂玄瑞に嫁がせる 『外蕃通略』を出版 五月　下田条約調印 六月　老中首座・阿部正弘死去
五年	一八五八	二十九	家学教授のため門人を引見することを許される 江戸にある門弟・松浦松洞に手紙で水野土佐守暗殺を指示する 大原三位を長州に下向させ、討幕の兵を挙げようと計画する 老中・間中詮勝を要撃しようと、門弟十七名と血盟、藩より投獄の命が下る 再び野山獄に下る 幕府に外国奉行がおかれる 七月　日蘭条約、日露条約、日英条約調印 九月　日仏条約調印、攘夷論が主流になる
六年	一八五九	三十	参勤途上の藩主を伏見で待ち受け、討幕の挙兵にもちこむという「伏見要駕策」に熱中するが、失敗 門弟たちの多くは過激に走る師を敬遠する 幕府より長州藩へ松陰東送の命が下る 萩から江戸にむけ檻送される 父・杉百合之助、兄・杉梅太郎も連座して職を奪われ、謹慎の身となる 伝馬町の牢に下るも、十月二十七日、斬首に処される 桂小五郎・尾寺新之丞・伊藤博文らが遺骸を受け取り、小塚原回向院下屋敷常行庵に葬る

◉巻末資料

松陰先生のことば

松陰は三十年足らずの短い人生の中で、実に多くの著作を残しました。昭和十一年（一九三六）、山口県教育会が編纂《へんさん》し、岩波書店が出版した『吉田松陰全集』は全十冊にもおよびます（昭和十五年完成の普及版は全十二冊）。膨大《ぼうだい》な量の詩文に込められた崇高《すうこう》な志を前にすると、現代人はただただ圧倒されるしかありません。

松陰は生前「自分の骨はどこに露《さら》されるか知らないが、自分の書いた文章が保存されれば、道路で死んでも構わない」といった意味の言を『東北遊日記』に記しました。あるいは「遺著を公にして不朽《ふきゅう》ならしむるは、万行《まんぎょう》の仏事に優る」（『吉田松陰全集』所収「杉民治全伝」）と語ったともいいます。

志に生きて志の上に死ぬのです。たとえ坊さんに一万回供養《くよう》してもらったところで、その魂は慰《なぐさ》められるものではありません。だからこそ遺族や門下生たちは、松陰が志を託した著作を大切に保存し、伝えようとします。こうして松陰の肉体は滅《ほろ》んだものの、その志は不朽の存在になっていったのでした。

萩市明倫《めいりん》小学校（山口県萩市江向《えむかい》）は長州藩教育の中核である藩校明倫館の跡に建ちます。松陰も明倫館で、山鹿《やまが》流兵学師範として教鞭《きょうべん》を執《と》った時期がありました。そして明倫小学校では昭和五十六年から「松陰先生のことば」を、その教育に取り入れています。毎朝、各教室から松陰遺著の一節を朗唱する元気な声が聞こえて来ます。言葉は学年ごと、学期ごとに変わるので、六年間在学すれば計十八の「松陰先生のことば」を朗唱するわけです。

〈一学期〉

今日《きょう》よりぞ　幼心《おさなごころ》を打《う》ち捨《す》てて、人《ひと》と成《な》りにし　道《みち》を踏《ふ》めかし

（今日までは、親にすがり甘えていたが、小学生となった今日からは、自分のことは自分でし、友だちと仲良くしよう）〈一年〉

［全集第六巻ｐ70「松陰詩稿」彦介の元服を祝す］

万巻《まんがん》の書《しょ》を読《よ》むに　あらざるよりは　いずくんぞ　千秋《せんしゅう》の人《ひと》たるをえん

（多くの本を読み、勉強しなければ、どうして名を残すような立派な人間になることができようか、しっかり勉強しなさい）〈二年〉

［全集第六巻ｐ145「松陰詩稿」松下村塾聯］

凡《およ》そ生《う》まれて人《ひと》たらば　宜《よろ》しく人《ひと》の禽獣《きんじゅう》に異《こと》なる所以《ゆえん》を知《し》るべし

（人間として生まれてきた以上は、動物とは違うところがなければならない。どこが違うかというと、人間は道徳を知り、行うことができるからである。道徳が行われなければ、人間とは言われない）〈三年〉

［全集第二巻ｐ309「野山獄文稿」士規七則］

凡《およ》そ読書《どくしょ》の功《こう》は昼夜《ちゅうや》を舎《す》てず　寸陰《すんいん》を惜《お》しみて是《こ》れを励《はげ》むにあらざれば　其《そ》の功《こう》を見《み》ることなし

（読書の効果をあげようと思えば、昼と夜の区別なく、わずかの時間でも惜しんで、一心に読書に励まなければ、その効をみることはできない。）〈四年〉

［全集第三巻ｐ355「講孟餘話」盡心上第三十九章］

誠《まこと》は天《てん》の道《みち》なり　誠《まこと》を思《おも》うは人《ひと》の道《みち》なり　至誠《しせい》にして動《うご》かざる者《もの》は未《いま》だ之《こ》れあらざるなり　誠《まこと》ならずして未《いま》だ能《よ》く動《うご》かす者《もの》はあらざるなり

（誠というものは人のつくったものではなく、天の自然に存する所の道である。この誠というものに心づいて、これに達しよう、これを得ようと思うのは即ち人の人たる道である。学んでこれを知り、つとめてこれを行うのは人たるものの道である。このように、誠の至極せる心に会っては、何物も感動されないものではない。誠というものはすべての元になるものである）〈五年〉

［全集第三巻ｐ156「講孟餘話」離婁上第十二章］

体《たい》は私《わたくし》なり　心《こころ》は公《おおやけ》なり　私《わたくし》を役《えき》して　公《おおやけ》に殉《したが》う者《もの》を大人《たいじん》と為《な》し　公《おおやけ》を役《えき》にして　私《わたくし》に殉《したが》う者《もの》を小人《しょうじん》と為《な》す

（人間は精神〈心〉と肉体の二つを備えている。そして、心は肉体よりも神〈神性〉に近いが、肉体は動物に近い〈自己本位〉。ここでは、精神を公とよんで主人とし、肉体を私とよび、従者とする。すなわち、人間は公私両面を備えている。なお、精神を尊重するのは、良心を備えているからである。主人たる心のために従者たる肉体を使役するのは当然のことで大人〈君子〉の為すところ。これに反し、従者たる肉体のために、主人たる精神を使役するのは、小人〈徳のない人〉の為すところ。同じことを繰り返すが、肉体〈私〉を使役して、徳を修め、道を行うことに心がける者は大人、反対に、道心、天理〈公〉を犠牲にして肉体〈私〉の欲望を満足する事を目的とするものは小人〉〈六年〉

［全集第二巻p395「丙辰幽室文稿」七生説］

〈二学期〉

世《よ》の人《ひと》は　よしあしごとも　いわばいえ　賤《しず》が誠《まこと》は神《かみ》ぞ知《し》るらん

（〈海外渡航の企てについて〉世間の人は、私のとった行動をよくないという人もいるだろうが、私の国を思う真心は神だけが知っているだろう）〈一年〉

［全集第九巻p396］

一己《いっこ》の労《ろう》を軽《かろ》んずるにあらざるよりは　いずくんぞ兆民《ちょうみん》の安《やす》きをいたすをえん

（自分一己の事も骨身を惜しまず働くようでなければ、どうして多くの人のために尽くすような立派な人間になれようか）〈二年〉

［全集第六巻p146「松陰詩稿」松下村塾聯］

志《こころざし》を立《た》ててもって万事《ばんじ》の源《みなもと》となす　書《しょ》を読《よ》みてもって聖賢《せいけん》の訓《おしえ》をかんがう

（何事をするにも志〈心のゆくところ・心ばせ〉がなければ、なんにもならない。だから、志を立てることが第一である。書物〈道徳の教えに関する〉を読んで、聖人・賢人の教えを参考として自分の考えをまとめることが大切である）〈三年〉

［全集第二巻p310「野山獄文稿」士規七則］

人《ひと》の精神《せいしん》は目《め》にあり　故《ゆえ》に人《ひと》を観《み》るは目《め》においてす　胸中《きょうちゅう》の正不正《せいふせい》は眸子《ぼうし》の瞭眊《りょうぼう》にあり

（人の善し悪しを判断するには、その人の眼を見つめて、そのひとみに注意するより、ましな事はない。人の心に悪い事があれば、ひとみは隠す事ができない。心中正しければ、自然ひとみもはっきりしている）〈四年〉

［全集第三巻ｐ159］

道《みち》は即《すなわ》ち高《たか》し　美《うつく》し　約《やく》なり　近《きん》なり　人徒《ひといたず》らに其《そ》の高《たか》く且《か》つ美《うつく》しきを見《み》てもって及《およ》ぶべからずと為《な》し　而《しか》も其《そ》の約《やく》にして且《か》つ近《ちか》く　甚《はなは》だ親《した》しむべきを知《し》らざるなり

（人の道は高大で又美しく、同時に簡約であり、手近いものである。しかし、人はその高大で美しいのを見て、とても自分にはできないことだと、始めから決めてかかるが、〈それは間違いであって〉道徳というものは簡単なもの、手近い物であり、又最も親しむべきものであるということをしらない。〈日常生活と離れたものではない〉）〈五年〉

［全集第三巻ｐ11］

冊子《さっし》を披繙《ひはん》すれば　嘉言林《かげんはやし》の如《ごと》く躍々《やくやく》として人《ひと》に迫《せま》る　顧《おも》うに人読《ひとよ》まず
即《も》し読《よ》むとも行《おこな》わず　苟《まこと》に読《よ》みて之《こ》れを行《おこな》わば即《すなわ》ち　千万世《せんばんせい》と雖《いえど》も得《え》て尽《つ》
くすべからず

（本には　よいことがたくさん書いてある。　よいことを知るだけではだめです。知ったことは、実行することが大事です）〈六年〉

［全集第二回p309「野山獄文稿」士規七則］

〈三学期〉

親思《おやおも》うこころにまさる親《おや》ごころ　きょうの音《おと》ずれ　何《なん》ときくらん

（子供が親を慕う心持よりも、親が子を慕う親心は、どれほどまさったものであろう。死なねばならぬ私の便りを知って故郷の両親は、どんなに悲しむことであろう）
〈一年〉

［全集第八巻p418］

朋友相交《めいゆうあいまじ》わるは　善導《ぜんどう》をもって　忠告《ちゅうこく》すること　固《もと》よりなり

（友達と交わるには、真心をもって、善に導くようにすすめることは、言うまでもないことである）〈二年〉

［全集第三巻p102「講孟餘話」］

人《ひと》賢愚《けんぐ》ありと雖《いえど》も　各々《おのおの》一二《いちに》の才能《さいのう》なきはなし　湊合《そうごう》して大成《たいせい》する時《とき》は必《かなら》ず全備《ぜんび》する所《ところ》あらん

（人には、それぞれ能力に違いはあるけれども、誰も一つや二つの長所をもっているものである。その長所を伸ばせば、必ず立派な人になれるであろう）〈三年〉

［全集第二巻p168「野山雑著」］

其《そ》の心《こころ》を尽《つ》くす者《もの》は　其《そ》の性《せい》を知《し》るなり　其《そ》の性《せい》を知《し》れば即《すなわ》ち天《てん》を知《し》る

（人というものは、その心の奥底までをたどり究めて行けば、その本性の善なることが知れる。その性なる善なることを知れば、その性はもと天から受けた所であるから、従って天が善を好むということが知れる）〈四年〉

［全集第三巻ｐ308「講孟餘話」盡心上編首章］

仁《じん》とは人《ひと》なり　人《ひと》に非《あらざ》ざれば仁《じん》なし　禽獣《きんじゅう》是《これ》なり　仁《じん》なければ人《ひと》にあらず禽獣に近き是なり　必ずや仁と人と相合するを待ちて道というべし

（仁とは、仁を行う所の人のことである。人でなければ、人徳を行うことはない。禽獣に仁はない。故に、人徳なければ、人ではない。禽獣に近い人がこれである。それで人徳と人の身と相合するとき、道というのである）〈五年〉

［全集第三巻ｐ385「講孟餘話」盡心下十六章］

天地《てんち》には大徳《たいとく》あり　君父《くんぷ》には至恩《しおん》あり　徳《とく》に報《むく》ゆるに心《こころ》をもってし　恩《おん》を復《かえ》すに身《み》をもってす　此《こ》の日《ひ》再《ふたた》びし難《がた》く　此《こ》の生《せい》復《ふたた》びし難《がた》し　此《こ》の事《こと》終《お》えざれば　此《こ》の身《み》息《や》まず

（天地には、万事を生々養育するという大きな徳がある。主君と父母とには、情愛にみちた恩愛、洪大な有難いご恩がある。天地の大徳と君父のご恩に対しては、心身の全力を尽くしてご恩報じにつとめねばならない。「一日再び晨《あした》なり難し」という古人の句があるが、今日の日が暮れると、今日という日は二度と来ないし、この生命も一旦死ぬれば、再びこの世に生まれ出ることはない。よって、前述したような報恩の事を成し遂げるまでは、少しの時間も無駄にせず、勉強でも、一生懸命つとめ励まねばならない）〈六年〉

［全集第二巻ｐ440「丙辰幽室文稿」人に与ふ二編］

※全集とは、大和書房出版『吉田松陰全集』
※書き下し、現代語訳は明倫小学校学校要覧による

［著者略歴］
一坂太郎（いちさか・たろう）
1966年、兵庫県芦屋市生まれ。大正大学文学部史学科卒業。東行記念館学芸員を務め、同館閉館により退職。萩市特別学芸員、山口福祉文化大学特任教授、防府天満宮歴史館顧問、春風文庫主宰。著作に『高杉晋作』（文春新書）、『幕末歴史散歩・東京篇』（中公新書）、『幕末・英傑たちのヒーロー』（朝日新書）、『ひょうご幕末維新列伝』（神戸新聞出版文化センター）など多数。講演、テレビ出演も多い。
春風文庫 URL　http://www.h2.dion.ne.jp/~syunpuu

時代を拓いた師弟
――吉田松陰の志

2009年3月10日　初版第1刷発行

著　者　一坂太郎《いちさかたろう》
発行者　大島光明
発行所　株式会社　第三文明社
東京都新宿区新宿1-23-5　郵便番号160-0022
電話番号　編集代表03（5269）7154
営業代表03（5269）7145
振替口座　00150-3-117823
URL　http://www.daisanbunmei.co.jp
印刷・製本　奥村印刷株式会社

ISBN978-4-476-03297-0